平凡社新書
193

戦国15大合戦の真相

武将たちはどう戦ったか

鈴木眞哉
Suzuki Masaya

HEIBONSHA

戦国15大合戦の真相●目次

はじめに

戦国合戦について書かれたものはたくさんある。その原因や経過、効果などに触れたものも多いし、あれこれ想定してシミュレーションを行っているようなものも数々ある。だが、個々の合戦の背景にある、その時代の戦い方にまで踏み込んだものはあまりない。

長篠《ながしの》の戦い（天正三年〈一五七五〉）までは騎馬白兵《きばはくへい》の時代で、それから後は徒歩火兵《とほかへい》時代に移行したという説は、歴史ファンなら一度はお聞きになったと思うが、これは事実無根の乱暴な議論にすぎない。そういうものが教科書や歴史事典の上まで横行闊歩《かっぽ》しているのも、当時の日本人はどう戦っていたのかという肝心なことが考えられていないからである。

合戦だけではなく、その当事者である武将たちについて書かれたものも数多くあるが、それらのなかには、俗説に寄りかかっただけのものも少なくない。また、人物評論を試みているつもりで、その人の置かれた立場や時代環境などを無視した〈無いものねだり〉〈揚げ足取り〉をしているにすぎないようなものも目立つ。

また、個々の合戦などを細密に論じながら、そこからなにがわかるのか、それはどういう意味を持っていたのかといったことには無頓着な事例もある。俗にいう〈木を見て森を見ない〉ということであるが、読んでいるほうとしては、せっかく、そこまでお調べになったものなら、なにかを読み取らねばもったいないと感じさせられる場合もある。

そうかと思えば、その逆になにか〈教訓〉を引き出そうとして、無理な理屈を付けておられるようなケースも多々見かける。戦前・戦中の軍人さんたちの研究には、その傾向が強くて、とかく〈戦訓〉を見つけるためにやっきになっていた。戦後になると、戦国武将の言動などを経営の参考にしようということで、似たような現象が出てきた。

冒頭から批判がましいことをいったが、別に私は他人さまのお書きになったものを云々しようというわけではない。上に指摘したようなことを念頭におきながら、戦国合戦について書いてみたかったのである。もう少し具体的にいうと、戦国の人と戦いと戦い方の三者を一体にして論じてみようという欲張ったことを試みたのが、この本である。

欲張りついでに、いろいろなことをやってみた。人の問題でいえば、織田信長や徳川家康のようにずっと過大評価されてきた人たち、反対に明智光秀や石田三成のように過小評価がつきまとっている人たちについては、正味のところはどうだったのかを考えてみた。

また、個人だけではなく遠州の高天神衆《たかてんじんしゅう》や紀州の雑賀衆《さいかしゅう》のような集団も取り上げている。

軍家の依頼を受けても上洛を望まず、信長に先を越されてしまった例もある。

戦国大名はすべて上洛を望んでいたという通説的見方からすると、不思議な気がするかもしれないが、実は、そうした〈歴史常識〉のほうが間違っているのである。戦国大名たちの最大公約数的な関心事といえば、自領の維持・確保と拡大ということであった。彼らの争いの根幹にあったのは、土地の争奪であり、この点を見誤ると戦国合戦の実態が理解しにくくなる。もちろん、桶狭間の戦いも例外ではない。

義元の場合はどうか

一般論はそういうことだが、今川義元の場合はどうだったのだろうか。義元上洛志向説は、江戸時代の初期からあった。小瀬甫庵《おぜほあん》という当時の作家が慶長九年（一六〇四）頃書いた『信長記《しんちょうき》』は、通説的な桶狭間合戦譚の元になったものだが、そこに「今川義元は天下へ切って上り、国家の邪路《じゃろ》を正さんと」出動したとある。かなり信頼度が高いとされている「当代記」という史料にも、義元は天下を取ろうと、まず尾張へ侵入したとある。

こういう話は、もちろん怪しいのだが、それが容易に信じられたのは、義元には、れっきとした〈動機〉があったと見られていたからかもしれない。

義元の家は清和源氏で、足利家の一族である。同じ足利一門といっても、いろいろ格付けがあるが、彼の家はきわめて高い位置にあった。世間では、本家である将軍家が絶えれば吉良《きら》家が継ぎ、吉良家も絶えれば今川家が継ぐことになっている、と言い慣わされていたというから、徳川将軍家になぞらえれば、御三家のような存在だったといえよう。したがって、京都の将軍家がボロボロになり、吉良家もあるかなきかになってしまったからには、義元が乗り出して天下の立て直しをはかろうとしても、おかしくはなかった。

しかし、〈動機〉があるということと、実現性があるということとは違う。だから、義元の上洛志向は、以前から疑われているところがあって、歴史学者の高柳光寿《たかやなぎみつとし》さんなども、義元の目的は、尾張を攻め取ることにあったのではないかと書いている。藤本正行さんは、さらに一歩を進めて、あれは両者のありふれた国境争いにすぎなかったといっている。

常識的に考えても、織田家との間で国境の城砦を取ったり取られたりしているような状況では、一気に上洛するなど、とうてい無理である。また、前線の織田勢を撃破して信長の本拠清須に迫れたとしても、力攻めにすれば膨大な損害を覚悟しなければならない。といって兵糧攻めなどしていたら、大変な手間と時間が必要となる。義元にそれだけの準備と余裕があったとは考えられないから、尾張一国の制覇でも、まだ目的として大きすぎるだろう。

織田側もそう見ていたようである。この時代、優勢な敵軍が迫ってくれれば、領民はパニックを起すのが普通である。そうした情景は、宣教師の報告などにもしばしば現れる。ところが、このときの織田領内では、まったくそうした形跡が見当たらない。

それどころか熱田《あつた》の町人たちなどは、今川に与党して海上から攻めてきた一向宗徒《いっこうしゅうと》と戦って追い返したりしている。本当に今川軍が迫ってくるものなら、報復が恐ろしくて、そんなことはできないだろうし、そもそも大勢の町民が街のなかにとどまっていたはずがない。いち早く山林などに避難したり、領主の城に逃げこもったりするのが、この時代の習わしである。今川軍が侵入してくることはないと、領民たちも読んでいたのであろう。

本当はどういう戦いだったのか

桶狭間が奇襲戦でなかったとしたら、それはどういう戦闘だったのだろうか。この点については、藤本正行さんの著書に詳しいので、興味のある方は、そちらを見ていただくこととして、ここでは藤本説の結論だけ紹介しておきたい。

それによれば、合戦当日、善照寺の砦で自軍を集結させた信長は、その南にある中嶋砦へ進み、ここで前方の今川勢に正面から攻撃をかけた。この今川勢は新たに進出してきた部隊だったが、信長は、これを前夜から大高城に兵糧を入れたり、鷲津・丸根両砦を攻撃したりしていた部隊だろうと見た。だから、大変くたびれているに違いない、そこを自分が新手の部隊で攻めれば勝機がつかめるかもしれないと考えたのである。

もっとも信長は、通説にいうように、最初から義元の首など狙っていたわけではない。当時の〈軍事常識〉からすれば、総大将が戦場で討死することなど、めったにないことであり、当初からそれをめざすことなどありえない。そもそも戦闘を始めた時点では、信長は義元がどこにいるのかということも知らなかったと思われる。

それでは信長の狙いはなんだったかというと、とりあえず今川軍に打撃を与えて追い返すことだったろう。ボクシングにたとえれば、KO勝ちはおろか判定勝ちもおぼつかない信長としては、なんとか引き分けには持ち込みたかった。そこで彼は、くたびれた（？）敵部隊を自軍の主力でたたくことによって、確実にポイントをかせごうとしたのである。

ところが織田勢の攻撃で今川の前隊が壊乱し、混乱が義元の本隊にまで波及した。といっても義元の旗本は健在だったのだから、ふみとどまって戦うこともできたし、ひとまず後方へ避退することもできた。義元は安全策をとって後者を選んだが、その途中で討ち取られる羽目になった。ラッキーパンチ一発で大番狂わせが生じたようなものであった。

考えてみれば、信長の勘違いが大変な結末につながったことになるが、この結果から義元は愚将ということにされてしまった。しかし、この戦いでの義元の行動には、別に手落ちというほどのものがあったわけではないことは、藤本さんも仔細に説明している。だから、たまたま信長が戦死でもしていたら――当然、その可能性だってなかったわけではないが――「常識人義元vs愚将信長」という図式ができ上がっていたに違いない。

それにしても、二万五千の大軍が二千くらいの人数に簡単に負けてしまうものだろうかという疑問をお持ちの方もおられるかもしれない。だが、今川勢が本当に二万五千いたとしても、そのすべてが戦闘員だったわけではない。本拠を遠く離れてやってきている彼らの半ば以上は、補給要員などを含めた非戦闘員であったと考えるべきである。

これに対して、相手の信長勢は清須から真っ直ぐやってきたのだから、馬丁、槍持《やりもち》などを除けば、大部分が戦闘員だったであろう。これだけでも、現実の兵力差はぐっと縮まるが、それだけではない。信長勢は一団となっていたが、今川の部隊は各所に分散していた。桶狭間付近で衝突した両軍の戦力には、驚くほどの格差はなかったはずである。

どの史料を信ずるか

ご覧のとおり、従来説と藤本説には一八〇度といってもよいほどの違いがある。藤本説が依拠しているのは、信長の旧臣太田牛一《ぎゅういち》の書いた『信長公記《しんちょうこうき》』である。これに対し、従来説はさまざまの軍記などにあるが、元をたどれば小瀬甫庵の『信長記』に行きつく。つまり、これは『信長公記』と『信長記』のどちらが信用できるかという問題なのである。

『信長公記』が書かれたのは慶長五年（一六〇〇）頃とされるが、作者の牛一は、おそらく桶狭間の戦いにも参加しただろうと考えられている。仮に、参加していなくても、直接多くの情報をつかみやすい立場にいたことは間違いない。

実は、桶狭間について、実際にそれを見聞したと見られる人間が合戦の情況を記したものは、この『信長公記』以外には見当たらない。〈人間五十年、下天《げてん》の内をくらぶれば……〉と「敦盛《あつもり》」の曲を舞って出陣する場面などを含めて、桶狭間というと定番的に出てくるような話は、すべてこの本から出ているのである。これ以外には「道家祖看記《どうけそかんき》」というものがあって、信長の旧臣の遺談を息子が伝えたかのように装っているが、〈あとがき〉まで『信長公記』を模倣しているような代物であって、とうてい信用できるものではない。

となれば、『信長公記』を信ずるほかなさそうだが、これには肝心の桶狭間合戦の年次を誤っているような問題がある。そのため、どこまで信用できるかわからないという説もあるが、そうなると定番的なお話までほとんど否定されてしまうことになる。また、『信長公記』が信じられないから、甫庵の『信長記』が信頼できるということにもならない。『信長記』は『信長公記』を下敷きにして書かれたものであり、信長出陣の場面なども、そっくり頂いている。そのうえで、今川義元は天下取りをめざしていたとか、重臣のなかに籠城を主張した者がいたとか、信長は迂回して義元の本陣へ奇襲をかけたとか、『信長公記』がまったく触れていないようなことを、あれこれとつけ加えているのである。

甫庵が太田牛一の知らなかった材料を独自に見つけ出したという形跡はない。それでは書き改めなければならない合理的な理由があったのかといえば、合戦の年次の点などを別にすれば、それも見当たらない。

今川義元が天下取りなどめざしていなかったことは、すでに説明したとおりである。籠城の議論にしても、今川勢が清須まで迫るとは見られていなかったうえに、前線で苦戦している味方を見捨てたまま大将が城に逃げこもってしまうことなど考えられない。もしそんなことをしたら、信長はたちまち部下たちから見放されてしまったに違いない。迂回・奇襲説に確たる史料的根拠がないことは、改めていうまでもない。

要するに、これらは甫庵の創作だったと考えるほかないが、創作した理由は、容易に推察できる。それによって話がおもしろくなって、一般受けするからである。実際にも、甫庵の語る桶狭間の話は、広く受け入れられて通説化した。『信長公記』が長い間写本でしか伝えられなかったのに対し、『信長記』は早くから刊本として普及していたという事情もあるが、中身が大衆受けしなかったら、そうはいかなかっただろう。

明治になると、陸軍参謀本部も『日本戦史――桶狭間役』で甫庵の説明を採用したが、これも迂回・奇襲の成功というところが気に入ったからに違いない。疑えば、いくらも矛盾の出てくる話を無批判に戦訓として取り上げたのは、洋の東西を問わず、「寡《か》をもって衆《しゅう》を破る」ことが昔から軍人たちの憧れだったからである。奇襲というのは、そのための代表的な手法として、一種の〈信仰〉を集めているようなところがあった。

奇説もいろいろある

歴史には、偶発的な〈成り行き〉から、とんでもない結果が生じてしまうようなことが、しばしば見受けられる。だが、学者やもの書きの人たちの間には、偶然だの、ツキだのということで歴史を解釈することを恥ずるような傾向がある。正面攻撃説が容易に受け入れられず、いまだに迂回・奇襲説にこだわる人が多いのも、そのためかもしれないが、それでも話がうますぎる感はまぬかれない。それをなんとか〈合理的に〉説明しようとすると、とんでもない奇説まで登場することになる。

たとえば、信長はあらかじめ情報収集に力を入れていて、諜報機関を設けていたというような説を立てた人がいる。その成果が義元の本陣発見につながったというのだろうが、史料的にはなんら根拠のある話ではない。

それにこうした説には、根本的な弱点がある。信長側の誰かが首尾よく義元の所在を発見したとしても、その情報を信長のもとに持ち帰り、信長が確認して動き出すまでには、かなりの時間がかかる。その間に義元が移動してしまう可能性も大きいし、待機している信長軍のほうが今川方に見つかって叩かれてしまう確立も高い。信長方に発見された今川勢が絶対に動かず、索敵も怠ってくれるという偶然が重ならない限り、成り立たない〈お話〉なのである。

しかし、奇説を立てる側は、そんなことにはおかまいなく、義元は桶狭間付近にいるところを〈発見〉されたのではなく、信長の計略で、そこへ〈誘導〉されたのだという説までとび出してくる。その根拠となったのは、「武功夜話拾遺《ぶこうやわしゅうい》」という史料である。これは「武功夜話」と並んでひとしきり戦国ファンの間で話題になることの多かったものであり、これらを下敷きにして桶狭間の戦いを論じた人もたくさんいるから、ご存じの方もおられるだろう。

その「武功夜話拾遺」によると、信長の密命を受けた蜂須賀《はちすか》小六（正勝）らが農民に変装して献上物を用意し、義元の本隊を待ち受けて田楽狭間に連れ込んだことになっている。献上物のリストも記されていて、そのなかには唐芋《からいも》（薩摩芋）の煮付けなどという物もある。これを見た農学部出身の知人が、当時の尾張に薩摩芋などあるわけもないと笑った。

この一事を見てもわかるように、「武功夜話拾遺」の語る桶狭間合戦譚は、まったくのこしらえ事にすぎない。詳しいことを知りたい方は、藤本正行さんが私と共著で出した『偽書『武功夜話』の研究』（洋泉社新書y）に記しているところをお読みいただきたい。

どうせ奇説を立てるなら、すでに亡くなった作家の八切止夫《やぎりとめお》さんのように、あれは信長の裏切り行為だったくらいのことをいってくれたほうがおもしろい。八切説によると、信長は義元に降伏する話になっていたのだが、なかなか挨拶に出てこないので、怒った義元が信長方の砦を攻撃させた。慌てた信長は小人数で謝《あやま》りに行ったが、折からの雨で今川の本陣が混乱しているうえ、雨なら敵の新鋭兵器である鉄砲も使えないと見てとって気が変わり、不意打ちを仕掛けて義元の首を取ってしまったのだという。

これは〈合理化〉とは関係ないことだが、桶狭間のとき権現様《ごんげんさま》（徳川家康）は、信長方の先手となって今川義元と戦ったという奇説が、ある紀州藩士の家譜に出てくる。この人の祖父が家康に仕えていて従軍したというのだが、孫の代ともなると、桶狭間がどういう戦いだったのかもわからなくなっていたのだろう。最近の若い人たちのなかには、第二次大戦で日本がアメリカと戦ったことを知らない人がかなりいるそうだが、それと似たような現象が江戸時代にもあったらしい。

第二章　つくられた戦国合戦像とその裏側

——上杉謙信と川中島の戦い

華々しいが当てにならない合戦譚

川中島の戦いも超有名な合戦で、ある意味では戦国合戦の典型のようにとらえられているところがあるといってもよい。作家の海音寺《かいおんじ》潮五郎《ちょうごろう》さんによると、武田信玄と上杉謙信が虚々実々の勝負を展開したこの戦いは、源平の合戦譚や楠木正成をめぐる物語などとともに、日本民族の六大ロマンの一つだそうである。たしかに講談、時代小説、映画、テレビドラマなどの素材になることは多かった。海音寺さん自身も『天と地と』という長編を書いている。

それほどよく知られた合戦でありながら、このくらいわからないところの多い合戦というのも珍しい。甲斐（山梨県）を本拠とする武田信玄（晴信）と越後（新潟県）を本拠とする上杉謙信（政虎）が信濃（長野県）北部の帰属をめぐって、犀《さい》川と千曲《ちくま》川にはさまれた川中島一帯で争ったには違いないのだが、合戦が何度行われたのかということからして、まずわからない。また、それぞれの合戦の中身にしても、史料によりいうことが異なっていて、どれを信用したらよいのか見当がつきにくい。

今日の学説では、天文《てんぶん》二十二年（一五五三）、弘治《こうじ》元年（一五五五）、同三年、永禄《えいろく》四年（一五六一）、同七年の五回だったということで、一応のところは落ち着いている。このうち最大の激戦とされるのが永禄四年九月十日の戦いで、ふつう「川中島合戦」といえば、このときの戦闘

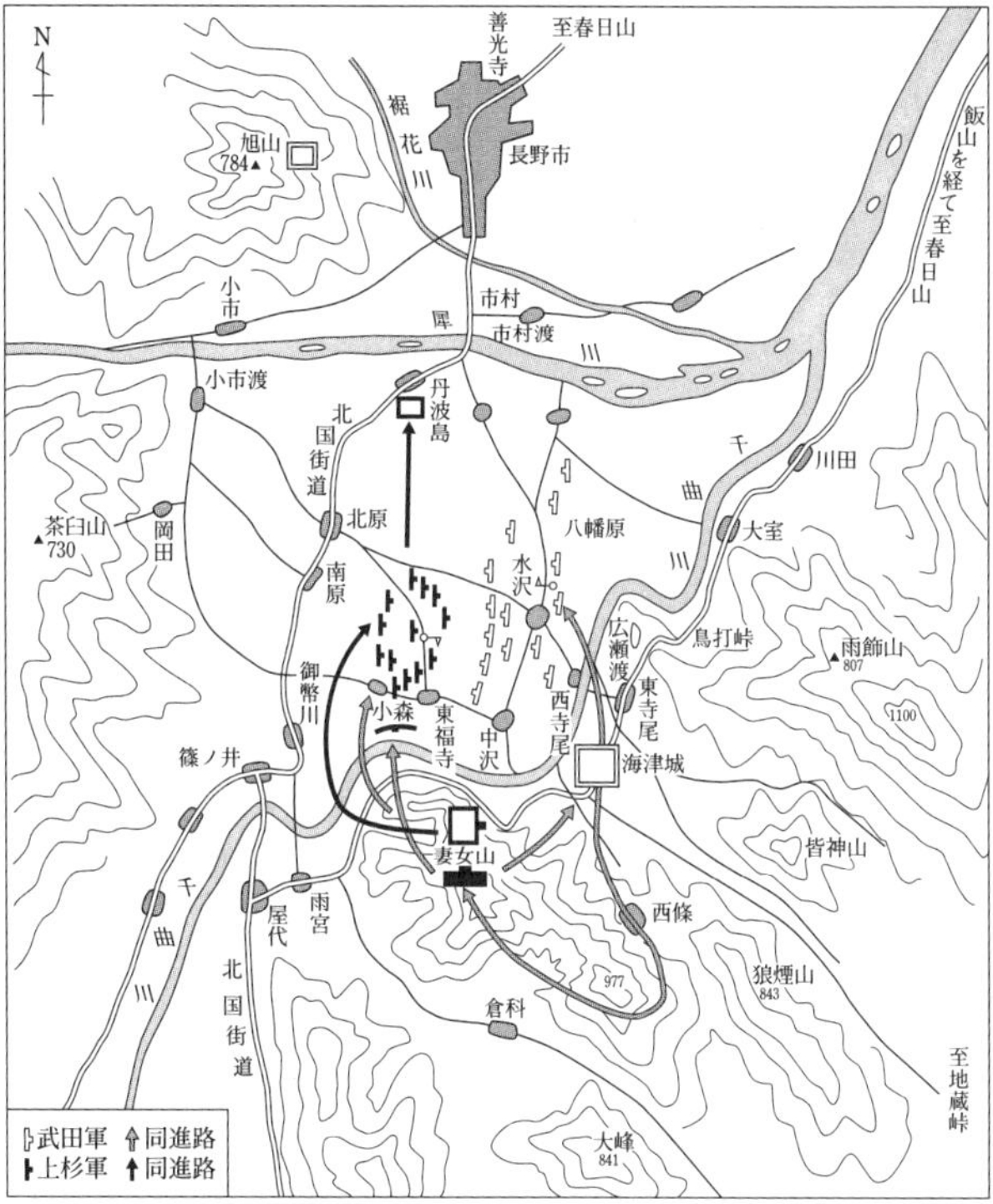

川中島の戦い要図（『大日本戦史』第２巻［昭和17年・三教書院］の井上一次「川中島の戦」を参考）

を指すことになっている。皆さんもおなじみの、武田方が〈啄木鳥《きつつき》の計〉というものを施したとか、謙信が武田の本陣へ切り込んで信玄と一騎打ちを演じたとかいうようなお話は、すべてこのときの出来事だったとされているのである。

もっとも、これは大体のところ、武田方の史料である『甲陽軍鑑《こうようぐんかん》』などがいっていることで、どこまで信用できるかといわれると、なんとも答えようがない。『甲陽軍鑑』というのは、昔から学者の間ではあまり尊敬されていない書物だからである。相手方の上杉家では、これに対抗して「川中島五箇度合戦記」という史料をつくっているが、こちらはどうかというと、ある意味では『甲陽軍鑑』以上に危ない代物だといえる。

通説・永禄四年の大合戦

これから永禄四年の川中島の戦いについて説明したいのだが、上に述べたような事情で信頼に値する史料がない。といって、『甲陽軍鑑』、「川中島五箇度合戦記」の類をしりぞけてしまったら、なにも書くことがなくなってしまう。これは私だけの悩みではなく、すでに歴史学者の高柳光寿さんや作家の松本清張さんが同じようなことをいっている。

とりあえず一般に流布《るふ》している合戦譚、つまり『甲陽軍鑑』などが記しているようなことを下敷きにしながら、話を進めることとしたい。なお、謙信が「謙信」と号するのはもっと先のことで、この合戦当時は実名《じつみよう》を「政虎」といっていたのだが、それではなじみがない方が多いだろうから、「謙信」で通させていただく。

永禄四年八月、謙信は一万三千の兵力で本拠の春日山《かすがやま》城を出た。善光寺に輜重《しちよう》部隊をとどめると、本隊は犀川を渡って川中島を横切り、千曲川を越えて妻女山《さいじよざん》に陣取った。眼下に武田の前哨拠点の海津《かいづ》城がある。守将の高坂昌信《こうさかまさのぶ》は、いわゆる「繋《つな》ぎの狼煙《のろし》」という方法で二十里（約八〇キロ）ほどを隔てた甲府に上杉勢出撃を伝えた。

信玄は一万七千ほどの兵を率いて出動し、いったん川中島の西方にある茶臼山《ちやうすやま》に陣を置いた。途中から参加した者もあって、兵力は二万ほどになったというが、数日後に陣を払って海津城に入った。ここで妻女山の上杉勢と対峙《たいじ》すること十日ほどに及んだ。

謙信がなぜ海津城を攻撃しなかったのか、信玄が茶臼山で上杉勢の退路を絶つかまえを見せながら、なぜ海津城に引き取ったのか、いろいろな解釈がある。だが、前提となっている彼らの動きがどこまで事実なのかわからないので、ここでは立ち入らない。

海津城の武田方は、〈啄木鳥の計〉というものを考え出した。啄木鳥が樹木を反対側から叩いて虫を驚かせ、這い出してくるところをつかまえるということになぞらえたものである。一万二千の別働隊に妻女山を襲わせて上杉勢を追い出し、これを本隊八千が川中島で待ち受けて一網打尽にしてしまおうという作戦であった。

これを案出したのは、軍師の山本勘助ということになっているが、彼は長らく虚構の存在ではないかと疑われていた。新しい史料が出てきて、信玄の重臣にそれらしい名前の人物がいたことは確認されたが、その人がこの計略を献策したかどうかまではわからない。それに、この時代の軍隊には、そもそも「軍師」というポストは存在していなかった。

謙信は、武田方になにか計略のあることを察知すると、九月九日の夜中に妻女山を引き払い、ひそかに千曲川を渡ると、「車懸《くるまがか》り」と称する陣形をとって、八幡原《はちまんばら》に控えている武田の本隊を急襲した。これは全部隊が代わる代わる攻撃に参加する陣形だという。

いずれ別働隊に追い立てられて、さんざんの体で逃げてくるはずだった上杉勢が予想外の形で出現したので、武田方は当然混乱に陥った。信玄の弟信繁《のぶしげ》が戦死し、信玄の本陣まで上杉勢が迫ってくるという有様だった。謙信が切り込んでいって、信玄と一騎打ちをしたというのも、このときのこととされている。

それでも武田方がなんとか持ちこたえていると、妻女山で肩透《かたす》かしをくった別働隊がようやく駆けつけてきた。彼らは千曲河畔に控えた上杉方の殿軍《しんがり》の抵抗になやまされながらも、川中島に突入して、上杉勢の背後を衝いたため、形勢は一挙に逆転した。謙信も主従数人で犀川を渡って撤退し、善光寺で自軍をまとめて帰国した。

これもどこまで本当かわからないが、徳川家康が武田の遺臣たちをつかまえて川中島の戦いを論評したという話がある。それによれば、信玄はもう少し千曲川の川端に近い場所に陣取って、上杉勢が川を渡ったところを攻撃すべきだった、そうすれば妻女山へ向かった別働隊も物音を聞いて、すぐに駆けつけてくるから、容易に挟み撃ちにできただろうという。また、上杉方に立って考えれば、海津城の近くで待ち伏せて、武田勢が出てくるところを攻撃すればよかったともいう。

武田の遺臣たちも、それを聞いて深く感じ入ったというが、結果を知って議論を立てればなんとでもいえるという典型的な例である。それに、最初に断ったように、こうした合戦譚自体がどこまで事実なのかわからないのだから、かれこれ論じても意味はない。なにしろ、最近の研究では、謙信は実際に妻女山に陣取っていたのか、「啄木鳥の計」「車懸りの陣」ともに実現性があったのかというようなところまで疑われているのである。

目玉中の目玉・一騎打ち

この戦いの目玉中の目玉は、謙信と信玄の一騎打ちである。本陣で床机《しょうぎ》にかけている信玄に馬上の謙信が太刀をふるって切りつけ、信玄がこれを軍配団扇《ぐんばいうちわ》で受けとめるという場面は、歴史ファンならずとも、おなじみのものである。この一騎打ちについては、武田方、上杉方双方とも主張しているにはいるが、困ったことに時点も違えば、状況も違っている。これでは同じお話ということにはなりそうもない。

武田方では、〈一騎打ち〉が行われたのは永禄四年(一五六一)九月の合戦のときだったとしているが、上杉方では天文二十三年(一五五四)八月の話だとしていて、時期が七年も食い違っている。その地点や状況についても、武田側では八幡原の本陣へ謙信が突入してきたと説明しているのに対し、上杉側は両将が川の中へ馬を乗り入れて太刀打ちしたといっていて、だいぶ違うお話になっている。

さらに、この太刀打ちの〈当事者〉についても、上杉側では、相手は本物の信玄ではなく影武者だったという説のあることを伝えている。これは天海僧正が合戦の直後に信玄自身から聞かされた話だというのだが、当の天海は信玄の主張を否定して、自分は太刀打ちの現場を近くの山の上から見ていたが、あれは信玄本人に間違いないといったというからややこしい。天海は、後に家康のブレインとなって「黒衣の宰相」などと呼ばれることになる男だが、近くに戦場を見渡せるような山などないから、もちろん与太話にすぎない。

もっとも、上杉家でも永禄四年の〈一騎打ち〉についても、まったく否定しているわけではない。ただ切り込んだのは謙信その人ではなく、荒川伊豆守という者だったとしているので、上杉方の説明にしたがってゆく限り、信玄・謙信本人同士の一騎打ちというのは、かなり危なっかしい話になってしまう。

これでは余りにつまらないと思うのか、なんとか一騎打ちがあったことを認めたい人たちが持ち出すのは、永禄四年十月五日付けで関白近衛前久《このえさきひさ》が謙信に出した手紙である。前久は謙信と親しく、その招きで東国へやって来て、この頃は下総《しもうさ》（茨城県）古河《こが》にいた。

その手紙のなかに「自身太刀討《たちうち》（打）に及ばる段、比類なき次第、天下の名誉に候」とある。これこそ謙信が太刀をふるって信玄に切りつけた動かぬ証拠だというのだが、これだけでは相手が信玄だったかどうかはわからない。人によっては「天下の名誉云々」とあるのが、信玄と戦ったことを示しているというが、それもいささか無理である。

それでは謙信が太刀を振るって誰かと渡り合ったことだけが事実かということになるが、これもそう簡単にいえるわけではない。この当時の史料を少し読み込んでみればわかることだが、「太刀討」という言葉は、必ずしも刀を振りまわしてチャンバラを演じたことを指しているものではないからである。

それは使った武器がなんであれ、敵と戦ったことの常套《じようとう》的な表現であって、明らかに槍や薙刀で渡り合っているのに、そう書いている例がいくらもある。極端な事例としては、双方弓矢で戦って負傷者を出したものを「太刀討」と報告しているものまである。報告者は別にウソをついたつもりではなく、決まり文句にしたがって書いたままでであろう。

というわけで、近衛前久の手紙を全面的に信用してみても、確実にいえるのは、謙信が自らなにか武器を手にして戦闘に加わったということだけである。そういえば、「川中島五箇度合戦記」も謙信が槍あるいは薙刀を手にして戦ったことを記している。それが事実とすれば、この時代に大将自身がそういうことをするのは、大敗して生命が危なくなったような場合を除けば、ほとんど例をみないことであった。謙信のやったことは、やっぱり「比類なき次第」だったには違いないのである。

つくられた戦国合戦像

映画やテレビドラマで扱う戦国合戦というと、鎧《よろい》武者《むしゃ》が槍や刀を振りまわしてチャンバラをやっている場面がやたらに出てくる。そのため、戦国合戦というのは、ああいうものだったのだろうと信じている方もたくさんおられるに違いない。

もう少し〈専門的〉になると、当時の合戦には一定のパターンがあったような話になる。向かい合って陣を張った敵味方が、まず鉄砲を撃ち合い、間合いが詰まると弓が加わり、さらに詰まると長柄槍の足軽が出てきてたたき合う。その後は、いよいよ騎馬武者の出番となり、各々武器を取って渡り合う。ざっといえば、そういうことで、江戸時代の軍学者が言い出したものらしいが、今日の歴史学者にもおおむね踏襲《とうしゅう》されている。

最後は白兵戦闘つまり槍や刀のような刃のついた武器による接戦で決まるというわけで、その点は一般的なイメージと変わらないが、映画やテレビドラマでは日本刀が多用されているのに対し、〈専門家〉は、主武器は槍だったと説明しているところが違っている。映画などで刀が使われることが多いのは、そのほうが殺陣《たて》をつけやすいのと、小道具としてのコストが槍より安いからだという説もあるが、本当のところは知らない。

それはともかく、こうした戦国合戦像は信じられるだろうか。結論からいえば、それはノーである。考えてもいただきたい。うち開けた場所に双方が同じような形で行儀《ぎようぎ》よく展開し、さあ始めますかという具合に行われる合戦などあったはずがないからである。史料的にも、そんなイメージに合致する合戦は、まず見たことがない。信玄の遺法を伝えたと称する甲州流（武田流）の軍学では、この川中島の戦いと後の三方原《みかたがはら》の戦いを、この時代の典型的な合戦だといっているが、どちらもこんな形では行われていない。

軍学者たちも見てきたようなウソをついたわけではなく、経験者の見聞などもふまえてこうした合戦像を組み立てたのかもしれない。だが、それは断片的な材料を都合よくつないでつくり出された一種の〈理想型〉としてのものでしかない。

戦国合戦がチャンバラ主体に行われていたかのように考えるのも、やはり〈理想化〉の一環でしかない。私は、戦国時代の負傷者延べ一五七八名の統計をとってみたことがある。その結果わかったのは、弓、鉄砲、石・礫《つぶて》などの遠戦《えんせん》兵器、つまり広い意味の「飛び道具」によるものが七二パーセント強に達するということであった。映画、テレビドラマでさかんに使われる刀で負傷した者など、石・礫でやられた者より、ずっと少なかった。

こうした傾向は、戦国時代になって始まったものではない。鎌倉末期から南北朝時代、つまり楠木正成や足利尊氏の活躍した時代の状況を見ると、延べ五七六名の負傷者のうち約八九パーセントまでが弓矢や石・礫によるものであるから、もっと徹底している。

刀や槍でやられると致死率が高いから、負傷者としては出ないのだと負け惜しみをいった人もいるが、槍はともかく、刀では金属鎧はもちろん革鎧も切れないことは、甲冑の専門家が指摘している。だいたい負傷者に対する戦死者の比率がはるかに低いのだし、その戦死者も多くは即死者ではなく、飛び道具でやられて動けないでいるところを首を取られたような者たちだったのだから、刀はもちろん、槍の効用も誇大に評価すべきではない。

勝ったのはどちらか

ところで、この戦いで勝ったのは、どちらだったのかという議論が昔からある。豊臣秀吉は、前半は上杉の勝ち、後半は武田の勝ちといったという。当たり前といえば当たり前、無責任といえば無責任な論評だが、本当に秀吉がそういったのかどうかはわからない。

当事者である上杉・武田両家は、ともに自軍の勝ちだったと主張しているが、論拠はもちろん違う。武田側の甲州流の軍学では、合戦の勝敗は、どちらが戦場に踏みとどまったかによって決まるといっている。川中島の戦場に残ったのは、武田勢であるから、これにしたがえば、間違いなく武田の勝ちである。

だが、上杉方の主張では、信玄の弟信繁ら名のある者を含めて、武田勢八千余を討ち取り、武田方に大きな損害を与えている。海津城という拠点のある武田勢が戦場に残るのは当然であり、上杉勢が引き揚げたのも当たり前ということになる。

後世の第三者からすれば、名目上の勝者がどちらだったかは、どうでもよろしいことで、どちらが成果をあげたかが問題である。桶狭間の戦いの章で、戦国大名の最大の関心事は、自領の維持・拡大ということであったといったが、そうした意味からすれば、戦国合戦は本質的に「陣取りゲーム」にならざるをえなかった。土地の争奪という観点に立てば、この場合、成功したのは川中島一帯を引き続き確保できた信玄の側であったことは明らかである。謙信のほうは、得るところなく帰国せざるをえなかった。

また、勝敗の話に戻るが、損害の多少で勝ち負けを判断するという考え方もなかったわけではない。甲州流の軍学も、場合によっては、それでよいと認めている。

この戦いで武田側は敵勢三一一七を討ち取ったというが、上杉方では武田勢八千余を討ち取ったと主張していることは、今いったとおりである。一般には、武田勢が戦死者四五〇〇、負傷者一万三千、上杉勢が戦死者三四〇〇、負傷者六千を出したと説明されることが多い。その根拠はよくわからないが、これがまあ通説といえばいえる。

戦国合戦の損害については、逐一正確なデータが残されているわけではないので、断定的なことはいえないが、これほど高い比率で損害が出た例は、まずないのではないかと思う。そうしたことをふまえて、川中島こそは空前絶後の大激戦だったと説く人が絶えないのだが、これははなはだ疑問である。

チャンバラ大好き人間と現実とのギャップ

戦国合戦をチャンバラ主体にとらえるのは間違いであるが、そうあらねばならないと考えていた人間がいたこともまた事実である。この謙信などは、その最たるもので、信玄との一騎打ちが喧伝《けんでん》されたのも、彼のそうした性向がよく知られていたからである。だが、そうありたいということと、実際にやれるかどうかとは、また別の問題である。

飛び道具による負傷者の比率が高いのは、できるだけ危ないことはしたくないという当然の感情に基づくところが大きい。イギリスの軍略家で軍事史家でもあったジョン・フラー将軍は、戦術の流れには、恒常的な要素として遠戦志向ということがあるといっている。自分たちは損害を受けないよう離れたところから敵に損害を与えたいということである。

戦国大名たちには、そうせざるをえない事情もあった。彼らの軍隊は、知行《ちぎょう》（収入の伴う土地）などを与えてある家臣たちが提供する兵員を中心に構成されていた。つまり、自分の懐《ふところ》を痛めてつくった軍隊であった。傭兵をつれてきたり、直属の兵士を養成したりすることもあったが、その場合でも懐の痛むことに変わりはない。

こうした軍隊を率いて戦うのだから、やたら損害の出るような戦いなどできるものではない。戦国大名というのは、地域の中小の領主たちを糾合《きゅうごう》して、その上に乗っているようなものでもあったが、これらの領主たちにしたところで事情は変わらない。赤紙《あかがみ》（召集令状）一枚でいくらでも兵隊を集めることのできた近代国家の軍隊とは、まったく違うのである。

したがって、戦国大名たちはできるだけ戦わずに勝つことを心がけたし、どうしても戦わねばならない場合でも、なんとか損害の少ない方法を選ぼうと苦心した。信玄などは、この〈戦わずして勝ちたい〉派の見本のような男であった。そんな信玄がやたら損害の出そうな戦闘など企画したはずがない。謙信にしたところで、損害を顧みずに仕掛けられるものではない。ここで勝ったとしても、二度と立ち上がれなくなってしまうからである。

本当に川中島の戦いの内容が伝えられるような大激戦であったとしたら、双方の見込み違いから生じたとでも考えるほかはない。信玄は謙信をハメ手にかけて楽勝するつもりだったのだろうし、謙信は謙信で、信玄を出し抜いて一撃加えたら、さっさと帰国する計算だったのかもしれない。ところが両軍深い霧の中で鉢合わせする形になったため、予想外の展開になってしまったというところであろう。

そうであったとしても、通説にいう両軍の損害は、誇大にすぎるだろう。信玄は、この年十一月に早くも上野《こうずけ》方面に軍事行動を起しているし、謙信も関東に出兵している。翌永禄五年に入ると、信玄は相模の北条氏康と組んで、大軍を催して武蔵松山城を攻撃しているし、謙信もこれに対抗すべく八千の兵を率いて出動している。川中島で両軍合わせて約二万七千もの死傷者を出したものなら補充が大変で、そんなことができたはずがない。

謙信をどう評価するか

謙信と信玄は、戦国時代の龍虎とでもいうべき存在だった。これは二人が好敵手として名勝負を演じたという意味ではなく、頼山陽が『日本外史』で論評したように、二人の強さは群雄のなかでも、とび抜けていたからである。

菊池寛は、戦前出した『日本武将譚』で両将を評して、「とにかく、戦国時代に、誰が強い彼が強いといったとて、この二人に及ぶものはあるまい。織田信長、徳川家康、豊臣秀吉、伊達政宗、こんな連中を、いくら連れ来たっても、謙信や信玄と一軍と一軍との勝負をさせたら、かないっこはなかったであろう。たとい、秀吉が天下取りの名将で、三万の大軍を率いてかかっても、謙信の一万の軍勢には撃破されたであろう」と書いている。

これは今日でも〈公論〉に近いといえるかもしれないが、同じ強いといっても強いなりがまったく違うし、人柄や政治、軍事の手法なども正反対といってもよい。自《おの》ずから、謙信ファンと信玄ファンは画然と分かれていて、どちらが好きかを聞けば、その人の性格までわかってしまうようなところがある。

松本清張さんは、昔の絵本など引き合いに出しながら、子供心には、なんとなく謙信は勇ましく、信玄は小ずるく思えたといっているが、こうした感覚は、いまだに大人の間にも共有されている。かつて〈右翼思想家〉大川周明《しゅうめい》が謙信を「戦う僧侶《そうりょ》」と評し、作家坂口安吾が「戦う詩人」と形容したのも、そういう感覚をふまえてのものであろう。

腹黒く、計算高い謀将信玄に対して、清廉無私《せいれんむし》、正義感の強い勇将というイメージでとらえられている謙信だが、手きびしい批判もないではない。〈大人〉になってからの清張さんは、信玄の侵略的傾向ばかりが世間に目立っているが、謙信だって強欲に諸国を押さえようとしたことは変わらないと指摘した。そのうえで、「人物の買いかぶりは、文芸批評家の筆だけではなさそうだ」と作家らしい感想をつけ加えている。

第三章　有名合戦の陰に埋もれた人たち

――高天神衆と姉川の戦い

徳川家が有名にした合戦

姉川《あねがわ》というのも、昔からきわめて有名な合戦である。これには、徳川家がこの合戦をことさら大切に伝えてきたことが大きく働いているようである。

徳川家康は死んでから神に祀られ、「東照大権現《とうしょうだいごんげん》」と呼ばれたので、江戸時代の学者などは、家康のことを東照神君《しんくん》、神君、神祖などとあがめるのが普通だった。庶民がもう少し親しみをこめていう場合には、「権現様」と呼んだ。その東照大権現様の偉業をたたえようとするとき、必ず引き合いに出されるのが、この姉川の戦いであった。

幕府の直参《じきさん》であった根岸直利という人が宝永二年（一七〇五）に書いた「四戦紀聞《しせんきぶん》」という書物があるが、そこでは姉川、三方原《みかたがはら》、長篠《ながしの》、長久手《ながくて》という四つの合戦が取り上げられている。家康生涯のなかでも代表的な戦いの一つと見ているわけである。もっとも、それでは関ヶ原はどうなのだという声が出そうだが、著者の直利本人がことわっているように、それは別格ということである。

庶民の間でも、姉川がよく知られていたことは、「浮世床《うきよどこ》」という落語のなかで、町内の床屋にたむろしている連中の読み上げる講談本が、姉川の合戦記であることを見てもわかる。この落語の原型は、江戸時代の中期にできているが、姉川のことが取り入れられたのは、明治以降のことかもしれない。そうであるとしても、江戸っ子の間では、姉川といえば〈徳川さまの合戦〉という認識があったから、こういう話ができたのだろう。

それほど徳川家側が力コブを入れて喧伝してきた合戦なのだから、定めし重要な意義をもっていたのだろうと考えたくなるが、それがそういうわけでもない。根岸直利の選んだ四合戦のうち三方原、長篠、長久手の諸合戦、さらに彼が別格視した関ヶ原の合戦は、いずれも徳川家の存亡に関わるようなものであった。また、天下の行方を左右しかねないものでもあった。ところが姉川だけは、そうした性質のものではないのである。

つまり、この戦いは、徳川家の都合で広く知られるようになったともいえるだろう。だいたい、「姉川合戦」という名称自体が徳川家から出たものであって、戦いに参加した諸家のうち、織田家と浅井《あざい》家は「野村合戦」、朝倉家は「三田村合戦」と呼び、徳川家だけが「姉川合戦」と呼んでいたと軍学者の山鹿素行《やまがそこう》が記している。

姉川とはどういう戦いだったのか

姉川の戦いについては、あまりご存じでない方もおられるといけないから、簡単に説明しておくと、これは元亀《げんき》元年（一五七〇）六月二十八日、浅井・朝倉連合軍と織田・徳川連合軍が近江姉川をはさむ一帯（滋賀県長浜市・東浅井郡浅井町）で一戦を交えたものである。

ことの起こりは、織田信長と越前（福井県）の朝倉義景《よしかげ》の争いにあった。織田も朝倉も、もとをただせば室町幕府の管領《かんれい》をつとめた斯波《しば》家の家臣であって、織田という名字も、斯波家が支配していた越前の織田荘《おだのしょう》の住人だったことに由来している。もっとも、同じ家臣とはいっても、朝倉のほうは応仁文明の乱のとき、どさくさ紛れに斯波家から越前の守護職をゆずらせて国主となった。織田家は早くから尾張の守護代となって勢力を拡大したが、信長の頃になっても、永禄四年（一五六一）までは、形式的には斯波家をかついでいた。

というわけで、織田側からすれば、朝倉など主家にそむいた存在であるし、朝倉側からすれば、織田などは陪臣《ばいしん》（大名の家来）ではないかということになる。しかも、信長の家は織田の宗家ですらなく、守護代の織田家が二つに分かれた後、その一方のもとで奉行をつとめた三家のうちの一つというのだから、朝倉にくらべたら、ずいぶん格が下がる。

これだけでも仲が悪くなる理由はあるが、永禄十一年（一五六八）、信長が足利義昭をかついで上洛し、室町幕府再興を果たしたことから、また面倒な事態になった。足利義昭は、当初、朝倉義景を頼っていったのだが、義景が一向に腰を上げないので、やむなく信長のところへ行ったところ、信長はさっさと実行してしまったのである。

信長は義景に将軍のご機嫌伺《きげんうかが》いに出てこいといったが、義景は出てこなかった。出てゆくのは簡単だとしても、そうなれば信長の下風に立たざるをえなくなるから、そんなことはできるものではない。信長のほうでは、これは許せないというので、元亀元年（一五七〇）四月、自ら軍勢を率いて出動した。越前の隣国若狭（福井県）の国人武藤某という者が反抗的で、その背後には朝倉家が付いているというのが口実であった。

ここで近江（滋賀県）の浅井家が関わってくる。この家は、もと京極《きょうごく》家に属したが、主家に代わって近江北部に勢力を張るようになった。その間、朝倉家の後援を得たため、両家は密接な関係にあったが、その一方で当主の浅井長政は、信長の妹婿となって、こちらとも同盟していた。このとき浅井側から、朝倉と事《こと》をかまえるときは事前に相談してくれという条件を付けたというが、信長はそれを履行《りこう》しなかった。腹を立てた浅井家は、にわかに挙兵して信長の後方を遮断し、信長はやっとのことで京都に逃げ帰った。

こうした経緯を見れば明らかなように、徳川家は本来当事者だったわけではない。家康は信長の朝倉攻めにも参加しているが、それは同盟者として加勢に駆り出されたまでのことである。したがって、この姉川の戦いも、家康が討死でもすれば別だが、仮に負けたところで、徳川の領国が危なくなるというような性質のものではなかった。

現実の戦いは、数にまさる織田・徳川方の勝利という形で終ったが、快勝とか大勝とかいえるようなものではなかったし、その結果、天下がどう動いたというものでもない。なにしろ、わずか数ヶ月後には、浅井・朝倉両家の軍勢は京都に迫ってきて、比叡山《ひえいざん》を根城に信長と対峙《たいじ》しているのである。困惑した信長は、天皇や将軍を動かして、なんとか講和に持ち込むという有様だった。

徳川の家臣大久保彦左衛門（忠教）は、その著「三河物語」で、信長は、天下は朝倉殿が持つがよい、自分は二度と望まないと誓約して、やっと引き揚げたと記している。彦左衛門は信長嫌いだったようだが、この記述がほぼ正確であることは、史料的にも確認されている。

徳川勢はどう働いたか

江戸時代の軍記などは、徳川家を持ち上げるために、有ること無いこと取りまぜて、ずいぶん大げさなことを書き立てている例が多い。たとえば、家康は信長に対し、自分が先鋒となって強いほうに向かいたいと望んで、多勢の朝倉勢のやってくる方面を引き受けたなどと記したものがある。

家康が先陣を志願したのは事実かもしれないが、強いほうに向かったというのは、明らかにオベッカ記事というものである。というのは、浅井・朝倉両軍のどちらがどの方面に展開してくるかは、事前にわかるものではないからである。結果的には、織田勢対浅井勢、徳川勢対朝倉勢という組み合わせになったが、たまたまそうなったというまでである。

余談だが、後世の人間が戦国合戦を論ずる場合、とかく両軍の展開や布陣の状況などは、自明の前提のように扱いがちである。だが、現実の戦闘というものは、双方が相手の布石や駒組みを目にしながら戦うことのできる囲碁や将棋とは違う。むしろ、ともに手探り状態で対戦していた場合のほうが圧倒的に多かったであろう。

幕末、水戸の天狗党の連中が常陸（茨城県）の那珂湊《なかみなと》に立てこもって幕府軍と戦ったことがある。その生き残りの一人の遺談によると、どこの藩が出兵して、どこに布陣しているのかといったことがさっぱりわからなかったそうである。そのうち敵の旗印を拾ったりして、だんだん見当がついたというが、戦国時代においても事情は変わらなかったはずである。

兵力にまさる織田勢が小勢の浅井勢に押し立てられて大苦戦したのに対し、徳川勢は何倍もの朝倉勢を切り崩したという点も、江戸時代製の軍記類に共通である。もっともすごいのは『甲陽軍鑑』の説で、徳川勢は朝倉勢三人に一人という劣勢でありながら、勝利を得たのに対し、織田勢は浅井勢一人に十一人の割りでかかってゆきながら、切り立てられてさんざんの有様だったといっている。

敵の兵力は大きく、味方のそれは小さくいうのは、軍記類の常であるが、この場合には、徳川勢についてはそうしながら、織田勢については逆のことをやっている。実際のところは家康の人数が五、六千、朝倉勢で戦場に出た者が八千くらいだったようであるから、さほどの格差があったとはいえない。また、信長の人数は二万前後、浅井勢は五千程度と見られるから、たしかに開きはあるが、十一倍は大げさにすぎる。

それにしても、武田家の史料である『甲陽軍鑑』が、なんでこんなに家康にゴマをすらねばならないのかと思いたくなるが、答えは簡単である。この本を編んだ小幡景憲《おばたかげのり》という男は、家康に仕えて禄をもらっていたのである。

この景憲を含めて、江戸時代の学者やもの書き連中がいいたかったのは、家康の兵が先に朝倉勢を切り崩し、浅井勢を横撃《おうげき》する形になったので織田勢は救われた、家康がいなかったら信長なんかどうなっていたかわからないということである。たしかに、徳川勢はよく戦ったかもしれないし、織田勢はいささかだらしがなかったかもしれないが、徳川勢の働きがなければ大敗したということもないだろうし、勝ったといったところで、さして大きな意義があったわけでもない。

「姉川の七本槍」

姉川の徳川勢がよく働いたことは認めるとしても、どういう人たちが働いたのかがまた問題である。徳川勢と朝倉勢は姉川をはさんで押しつ返しつ戦ったが、その徳川勢の先手をつとめたのは、小笠原信興《のぶおき》（長忠）の部隊だった。

信興は遠江高天神《たかてんじん》（静岡県小笠郡大東町）の城主で、その家はもともと今川家に属していたが、父の氏興のときから徳川家に乗り替えた。信興が連れてきたのが「高天神衆」と呼ばれる連中で勇名の高い者が多く、彼らが大いに奮闘したのであるという。軍学者山鹿素行も朝倉勢を切り崩したのは、小笠原の働きが第一であったと高い評価を与えている。

高天神衆のなかでも、渡辺金大夫、門奈左近右衛門《もんなさきこんえもん》、伊達与兵衛、伏木久内《ふしきくない》、中山是非之助《ぜひのすけ》、吉原又兵衛、林平六の七人の働きは、「姉川の七本槍」というべきものであった。渡辺の活躍ぶりを対岸から見ていた信長が、戦い終った後、「天下第一の槍」つまり日本一の勇士であると記した感状と貞宗の脇差を与えたという話が伝わっている。家康も渡辺、伊達、中山の三人に感状を与え、渡辺には吉光の刀も下賜したということである。

実際には、門奈が渡辺より先に進んだが、渡辺は朱の唐傘《からかさ》に金の短冊《たんざく》という派手な指物《さしもの》を背にしていたのに、門奈はなにもなかったので信長の目にとまらなかったという話がある。また、堤の上で戦った渡辺に対し、畑のなかで戦ったわれわれの働きは見えなかったのだろうと他の六人がクレームをつけ、信長が感状を追加発給したという話もある。

それはともかく、こうした高天神衆の働きは、今日ではほとんど記憶されていない。「賤ヶ岳《しずがたけ》の七本槍」は今でもよく話題になるが、「姉川の七本槍」などといっても、よほどの歴史マニアでない限り、それを知る人はいない。賤ヶ岳の場合は、宣伝上手の秀吉が俺の親衛隊はこんなに強いんだとばかり売り出し、各種の『太閤記』がそれに追随した。だが、徳川家だってさほどの意義もない姉川の合戦を天下分け目の一戦のようにいい立てたのだし、庶民の間にも、それが浸透していたことは、最初にいったとおりである。

徳川家が五代将軍綱吉のとき、林信篤《のぶあつ》らにつくらせた「武徳大成記」という史書があるが、この本は姉川における高天神衆の働きには、まったく触れていない。この官製徳川史は、八代将軍吉宗から虚飾に過ぎるという批判を受けたそうだが、そういうものが彼らの活躍を無視していることには、なにか意味があったと考えなければならない。

徳川家が触れたくなかった〈歴史〉

小笠原信興と配下の高天神衆は、姉川の戦いの後も高天神城にあって、徳川家のために働いた。この翌年の元亀二年(一五七一)には、武田信玄が攻めてきたこともあるが、よく守ってこれを撃退している。

天正二年(一五七四)には、信玄の息子の勝頼に城を囲まれた。城中からは向坂《さきさか》(匂坂)牛之助という者を使いとして家康に救援を求めた。家康も応援を約束し、信長に加勢を頼むから、それが着き次第出動するということで手はずも定めた。姉川で家康がいなかったら、信長はどうなっていたかはしらないが、家康のほうは、信長に助けてもらわない限り、単独では恐ろしくて動きようがなかったことだけは確かである。

やがて合図の狼煙《のろし》は何度かあがったものの、援軍は一向に姿を現さなかった。城中では、さては向坂がいい加減なことをいったのかとあきれ返ったという。それでも、また向坂を使いに出したところ、信長の先手が浜松まで出てきたというので、今度こそはと期待していたが、またも空振りに終った。これらは、その後も家康に仕えた小笠原義信という者の覚書にある話だから、ウソではないだろう。

結局、一ヶ月余りの籠城の後、信興は武田方に城を明け渡すことになる。彼は徳川譜代の家臣というわけではないし、助けにもこない家康に義理立てして玉砕しなければならない理由などなにもない。これは当時としては、きわめて当たり前の対応である。

家康が頼りにした信長は、このとき浜名湖の辺りまでは来ていたというが、高天神開城と聞いて引き返した。信長がなぜそんなにもたついていたのかは、よくわからない。彼も家康同様、武田勢が恐ろしかっただけなのかもしれない。

開城に当たって、高天神衆は武田に従おうという者と家康に従おうという者に分かれた。前者を「東退組」、後者を「西退組」といったという。各人の意思によって決めたようであるが、めぼしい者たちは、多く東退組だったようである。

家康のもとに二度使いした向坂牛之助は、西退組だった。危険を冒しての行動を褒められて、所領を与えられていたくらいだから、当然かもしれないが、家康は、彼が武田に内通しているとして殺してしまった。来てもいない信長の援軍を来ているなどと口裏を合わさせた人間を生かしてはおけないから、言いがかりをつけたまでであろう。

これでは林信篤のような御用学者が高天神衆の活躍に触れたくなかったのは当然であるし、「姉川の七本槍」がもてはやされることがなかったのも不思議ではない。

七本槍の面々のその後

最後に、姉川七本槍の面々が、その後どうなったかについて触れておきたい。彼らのうち門奈を除く六人は、城主小笠原信興とともに武田方に従ったが、その後の運命はさまざまで、ほとんど足跡のたどれない者もいる。城主の信興にしても、武田勝頼からかなりの所領を与えられたことまではわかるが、その後病死したとも、天正十年(一五八二)武田氏が滅亡した後、小田原の北条氏の下にいたところ、信長の要請で殺されたともいって定かではない。天正十八年に北条氏が滅んだとき、家康に殺されたという説もある。

「天下第一の槍」の渡辺金大夫は、武田氏滅亡の際、勝頼の弟仁科盛信《にしなもりのぶ》に添えられて、信州高《たか》遠《とお》(長野県上伊那郡高遠町)の城を守っていた。落城の日、城外に出て例の指物を地面に突き立てると、槍をふるって敵闘して死んだ。五十二歳だったはずである。彼の奮闘は、地元では長く語り伝えられ、今も城外の山に城主盛信らとともに祀られている。

林平六は、それより先、天正七年（一五七九）、上野膳城《ぜん》（群馬県勢多郡粕川村）で戦死している。武田勝頼がたまたま「素肌《すはだ》の城攻め」、つまり甲冑を着けずに城を攻めて、これを落とすということをやり、それに付き合わされた結果であった。膳城で負傷して甲州に帰り、そこで死んだという説もある。

伊達与兵衛は、武田滅亡後、北条氏に仕え、秀吉の小田原攻めのときには、北条一族の太田氏房の家老として武蔵岩槻《いわつき》（埼玉県岩槻市）の城を守っていたが、徳川勢などの攻撃を受けて開城せざるをえなくなった。もっとも駿河の伊達家の系図では、同じ北条一族でも、北条氏規に仕えて、その下で伊豆韮山《にらやま》の城を守っていたとし、開城後、家康の息子の結城《ゆうき》（越前）秀康に拾われて、足軽大将となったとある。

それに関連して、大坂冬の陣（慶長十九年〈一六一四〉）のとき、越前家の足軽頭として、真田《さなだ》幸村《ゆきむら》（信繁）の守る真田丸を攻めて戦死したと記している史料があるが、年齢的に考えると、息子のことかもしれない。さきの系図では次男が「与兵衛」の名を継ぎ、この戦いで戦死したとしているが、場所は真田丸ではなく、船場口とある。

伏木久内と吉原又兵衛は、武田家で足軽大将などつとめたらしい。吉原は膳城でも手柄を立てているが、その後の消息はわからない。墓所は甲州にあるということだが、伏木については、その程度の情報すらない。ともに在世中は、勇士として聞こえた者たちであるが、徳川さま全盛時代の歴史は、彼らのような連中には温かくない。

中山是非之助も武田家で足軽大将をつとめ、その滅亡後、小田原の北条氏に仕えたが、同家の滅亡でまた浪人した。三河岡崎（愛知県岡崎市）で老衰死したという話が事実であれば、かなり長命したのであろうが、それがいつ頃のことであるのかはわからない。

七人のうち、唯一の西退組となった門奈左近右衛門は、その後、越前松平家に仕えたり、駿河大納言忠長に仕えたりした。最初、越前家で七百石取り、忠長の下でも同じ高だったというから、そこそこの待遇は受けたようだが、取り立てて栄達した形跡もない。慶長十六年（一六一一）駿河で病没というから、姉川に参戦したとき十八歳だったとする所伝に従えば、行年五十九歳であった。

第四章　「騎馬軍団」という虚構

――武田信玄と三方原の戦い

〈戦争の神様〉とされた武田信玄

　武将としての武田信玄（晴信）の評価は、昔から高かった。徳川家では、信玄の遺法を伝えたと称する甲州流（武田流）の系統に属する軍学を採用していたが、諸大名の家でも、これに倣《なら》うものが多かった。そうしたことが信玄の評価をいやがうえにも高めたといえるが、信玄の軍法がそんなにありがたがられたのは、それだけの裏づけがあったからでもある。

　大坂夏の陣（元和元年〈一六一五〉）のとき、徳川家康は、息子義直の部隊の動きが遅いのにいらだち、義直に付けてあった成瀬正成に使いをやって、「隼人《はやと》（正成）めの腰抜けめ」といわせた。それを聞いた正成は、そういう大御所（家康）だって、信玄にはたびたび腰が抜けたではありませんかといい返した。家康がどういう顔をしたかはしらないが、徳川家が信玄の遺法を採用するには、するだけの理由があったのである。

　もと今川の家臣で後に家康に仕えた近藤秀用《ひでもち》は、信玄こそ近来の名大将であるといった。なぜなら、織田信長、豊臣秀吉、徳川家康、その子秀忠と天下人《てんかびと》四人がいずれも信玄を師匠としたからである。家康父子はともかく、信長や秀吉がどう信玄に学んだのかは、よくわからないが、当時の人には思い当たるところがあったのだろう。

　信玄というのはおかしな人で、このように過大ともいえるほどの評価を受け、〈戦争の神様〉

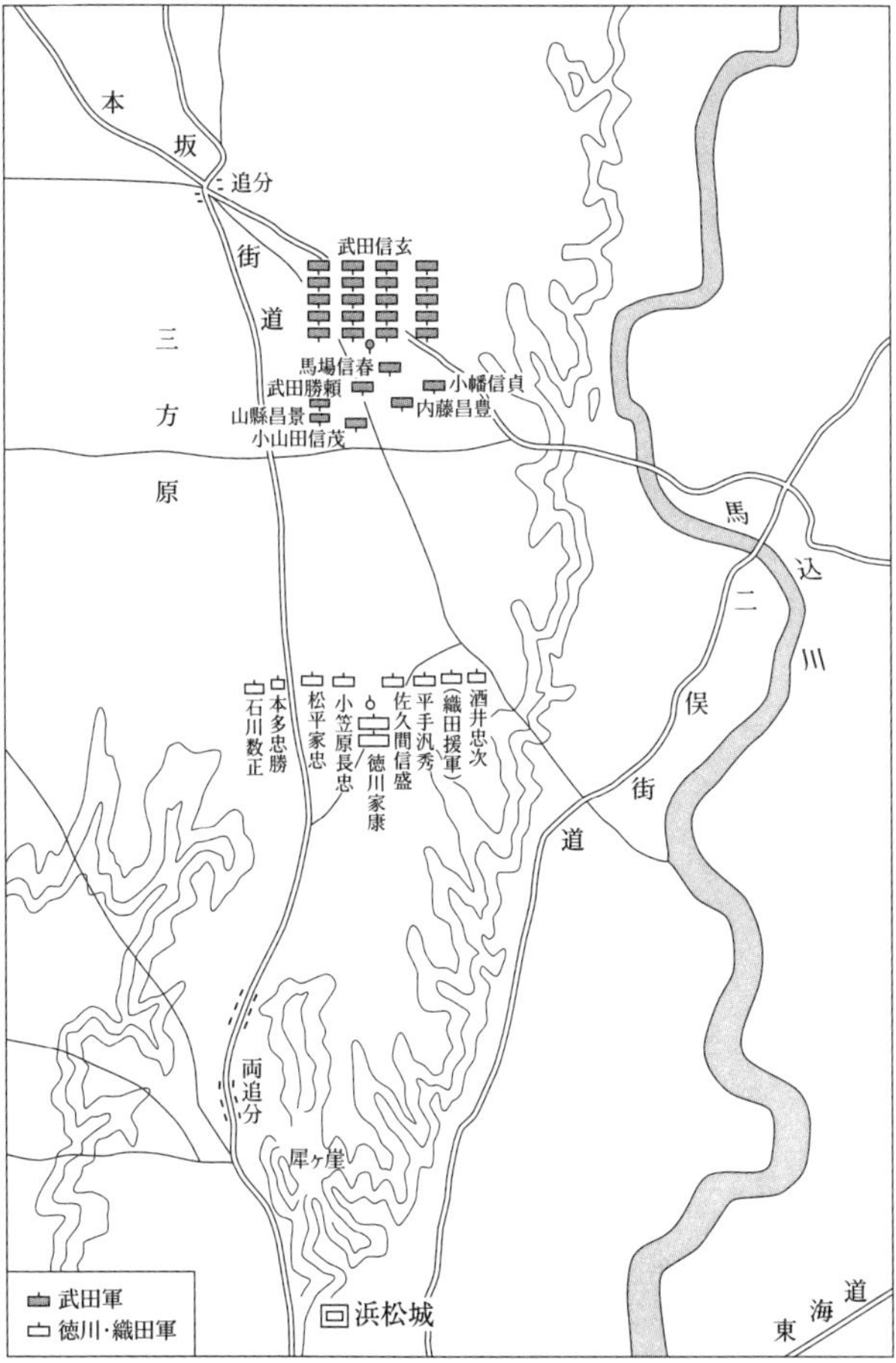

三方原の戦い要図(『大日本戦史』第3巻[昭和17年・三教書院]の井上一次「三方原の戦」を参考)

のように見られていた反面、いわれのないマイナス評価をされているところがある。とかく誇大評価ばかりが目立つ信長・秀吉・家康三人の天下人と違うところである。

それがもっとも端的な形で出てくるのは、信長と比較された場合で、信玄は偉いには偉いが、なんといっても中世人だった、それにひきかえ信長は渾身《こんしん》、近世人であったという形でいわれることが多い。作家の海音寺潮五郎さんや司馬遼太郎さんなども、しきりにそういうことをいっておられたから、ご存じの方も大勢いらっしゃるだろう。

とりわけいわれるのが二人の宗教観の相違ということで、信玄には迷信家の一面があったのに対し、信長は無神論者だったとされているが、これはまったくの誤解である。現実の信長は、神社に戦勝を祈願したり、お寺に祈禱を依頼したりしている。これは一種のパフォーマンスだったのかもしれないが、それをいうなら信玄も同様である。信玄の言動には、神仏に対して、ずいぶん割り切った対応をしている例が目立つ。

信玄はまた風貌についても誤り伝えられている。たいていの人の抱いている信玄のイメージは、よく太った丸顔に八の字髭をたくわえた鋭い目つきの肖像と分かち難く結びついている。高野山成慶院《じょうけいいん》所蔵のあの画像の主は、長らく信玄だと信じられてきたが、最近、藤本正行さんが否定説を出され、次第に受け入れられつつある。それに代わって、これが本物の信玄像ではないかというものを藤本さんは提示されているし、他の画像を提示された方もいる。いずれであっても、従来の信玄のイメージは崩れざるをえない。

「武田騎馬隊」は存在したか

信玄は、生涯に八〇回前後の合戦を行ったことが確認されている。そのなかには野戦もあり、山岳戦もあり、城攻めもあるが、勝率はかなり高そうである。

もちろん、信玄だって負けたことはあるが、自分の生命が危うくなるような大敗といったケースはまずない。そういうと、永禄四年（一五六一）の川中島の戦いはどうかという声がありそうである。たしかに、あの合戦で軽傷を負った事実はあるが、謙信に切りつけられて危なかったという話が信じ難いことは、すでに説明したとおりである。

信玄は、なぜそんなに強かったのだろうか。答えはいろいろあるだろうが、「騎馬隊」だの「騎馬軍団」だのを挙げる人が多いようである。これに〈無敵〉だの〈戦国最強〉だのという形容がつくことも珍しくないが、強力な騎馬部隊を駆使して勝利を重ねていったというのが、この人たちの見方である。

武田の騎馬隊は、すでに定説化しているといってもよいが、おかしなことに、その実態がどのようなものだったのかをきちんと説明している例は、まず見当たらない。また、信玄一代の戦歴をチェックしてみても、騎馬部隊の活躍した事例など、まず出てこない。

実態を説明した人がいないのも、史料に「騎馬隊」の活躍が出てこないのも当然で、この時代の軍隊のあり方からして、そんなものは存在しようがなかったからである。

川中島のところで触れたように、当時の軍隊は、家臣が知行などに応じて提供したり、傘下の領主たちが連れてきたりする兵士を主体に組み立てられている。彼らは、それぞれ馬に乗った者が何人、槍を持った者が何人、鉄砲を持った者が何人……、という具合に引き連れてくるが、それらのうち馬に乗ってくるのは、主人と将校クラスだけである。

どうも「騎馬隊」だの「騎馬軍団」だのといいたがる人は、この時代の騎馬武者と後世の騎兵を混同しているのではないかと思うが、両者はまったく性質が違う。「騎兵」は兵種の一つであるから、歩兵や砲兵との違いは戦術的な役割の相違であるが、戦国時代の騎馬武者というのは、そういうものではない。彼ら馬に乗った兵士と徒歩の兵士との違いは、役割上の問題ではなく、地位・身分に関わるものであった。

会社でいえば、管理職に当たるような者たちだけが馬に乗っていたわけだから、そうした連中だけまとめて部隊をつくったところで意味がないし、そもそも、そんなことはありえない。残された徒歩兵を指揮する者がいなくなってしまうからである。

馬に乗る資格のある者は限られていたのだから、数も決して多くはない。武田家の場合、残された史料から見る限り、戦闘員の一〇パーセント未満というところである。事情は、どの戦国大名も同じようなものだったと思うが、史料的には、隣接する上杉家や北条家のほうが武田家よりも、若干騎馬武者の比率が高いようである。

そういうことがわかっていた時代には、武田家であろうと何家であろうと「騎馬隊」があったなどと主張した人は、誰もいなかった。「騎馬隊」などといい出したのは近代以降のことであり、そうした話が普及・定着したのは、戦後になってからである。

軍記作者を苦労させた合戦

あの川中島の合戦譚のなかにも、武田の騎馬隊が轡《くつわ》を並べて突進したというような華々しい場面など出てこない。その理由は、これでおわかりいただけたと思うが、それでは騎馬武者は、どのように戦っていたのかという疑問を抱かれた方も多いかもしれない。その点を元亀三年(一五七二)十二月二十二日の遠江三方原《みかたがはら》(静岡県浜松市)の戦いを例としてご説明したいが、その前に、これはどういう戦いだったのかに触れておきたい。

信玄最後の野戦となったこの戦いを一言でいえば、西に向かう信玄の軍勢を遮ろうとして、信長からの援軍とともに居城浜松を出てきた家康を、信玄が手もなくひねってしまったというものである。なお、信玄の西進が上洛をめざしたものかどうかは、昔から議論の種になっているが、ここでは、その問題には立ち入らない。

この合戦も徳川家の歴史のなかでは、大変重要視されているので、江戸時代の多くの軍記などが扱っているが、負け戦さを勝ち戦さというわけにもいかない。そのため、ずいぶん苦労して、あれこれ格好をつけたりしているようなところがある。

たとえば、軍記類は、ほぼ一様に、信長からの援将や家臣たちの反対を押し切って、信玄に挑戦することとしたのは、家康の決断であったとしている。信玄の軍は、浜松を無視して三河(愛知県)方面へ進む気配を見せたので、城内では、ここは戦わないでやり過ごそうという声が多かったのに、家康は、敵に枕の上を踏み越されても起き上がれない臆病者と天下の嘲《あざけ》りを受けるのはまっぴらだといって、断固出撃したのだなどとある。

まことに颯爽《さつそう》たるものがあるが、史料をよく眺めてゆくと、待てよ……といった記述にぶつかる。徳川さまベッタリでは定評があるともいえる「武徳大成記」は、そうした格好のよい家康を描く一方で、思いがけないことも記している。武田勢の通過するところを見物しようというので、浜松の士たちが五騎、十騎と出て行き、武田方に石を投げたりした。武田方からも石を投げ返したりしていたが、そのうち徳川方が千人くらいにもなったとき、信玄が足軽をくり出してきて戦闘が始まったというのである。

これでは、家康が敢然と大敵信玄に挑戦したことにはならないが、ほかの史料にも、同じようなことを記したものがいくつもある。「四戦紀聞」などは、さんざん格好をつけておきながら、部下たちが、はからずも戦闘に引き込まれそうな事態になったので、神君（家康）もやむをえず浜松を御出馬になられたと本音めいたことをポロリと書いている。

史料としては、かなり信頼度の高い「当代記」も、物見ということでバラバラに出ていった浜松の連中が武田勢ともみ合いになったので、なんとか引き取らせようと家康公も出馬したところ、不慮に合戦に及んだと記している。部下や同盟軍の反対を押し切って、真っ先に押し出したのではなく、野次馬気分で勝手に出て行った部下たちを引き揚げさせようとして、心ならずも戦闘に巻き込まれてしまったというのである。

戦いは、どのように行われたか

「三方原」というのは、浜松市の北方、南北約十二キロ、東西約八キロに及ぶ広い台地であり、そこで戦闘が行われたことは間違いないが、正確にどの辺りかというところまでは、よくわからないらしい。両軍の布陣にしても、一般には、付図にあるように、武田方が「魚鱗《ぎょりん》」と呼ばれる縦深《じゅうしん》の隊形、徳川方が「鶴翼《かくよく》」と呼ばれる横長の隊形をととのえたようにいわれている。だが、いま述べたような戦闘の始まり方を見れば、これも少々怪しい。

信玄のほうからすれば、徳川家の連中が三々五々野次馬気分でやってくるのを見て、彼らがある程度の数になるのを待ち、まず雑人《ぞうにん》たちに礫《つぶて》を投げさせ、さらに鉄砲を撃ちかけさせて、相手を戦闘に引きずりこんだものといえる。つまり、自分のほうで予期して始めた戦闘なのだから、どんな陣形でも予定どおり組むことが可能であった。

しかし、家康側としては、予期せざる戦いだったのだから、計画的な布陣などできるはずもない。全軍を把握していたわけではない家康とすれば、急遽大まかな指示を与えるくらいが精一杯で、整然とした隊形を組む余裕など、とうていなかったに違いない。

双方の兵力については、武田方が二万五千くらい、徳川方が信長の援兵三千を含めて一万一千くらいだったろうと見られている。人数も倍以上いたうえに、予期して始めた戦いなのだから、これで武田方が負けるはずはない。残念ながら、戦闘経過を正確に伝える史料はないが、午後四時頃から戦闘が始まって、暗くなる前に勝敗が決まってしまったことを考えれば、おおよその見当はつこうというものである。

それでは困るから、江戸時代の史料は、徳川勢がいかに奮闘したかを強調するのが例となっている。なかでもおもしろいのは、『甲陽軍鑑』の態度で、武田勢が信玄の軍配により整然と行動して勝利を得たことを述べる一方で、徳川勢の勇戦敢闘《ゆうせんかんとう》ぶりをこれでもか、これでもかとばかりに並べ立てている。

編者の小幡景憲は、甲州流の軍学を看板に徳川家に仕えていた男だから、信玄とその軍法は、偉大なうえにも偉大であることにしておかないと、自身の〈商売〉にさしつかえる。その一方で、現在の主家にもゴマをすっておかないとまずい。そういった彼の立場がよくわかるような記述である。

騎馬武者は、どう戦ったか

この時代、どの戦国大名も「騎馬隊」など持っていなかったことは、すでにいったとおりだが、それでも武田勢は、騎馬戦闘に長じていたと信じている人はたくさんいる。それが本当なら、ああいう具合に始まった三方原の戦いでは、騎馬武者を出して一気に徳川勢を蹴散らしてしまったらよさそうなものだが、そういうことはしていない。

それどころか、武田の騎馬武者たちは、明らかに下馬したうえで戦闘に入っている。相手方の徳川勢も同様で、騎馬武者は戦闘に先立って、まず下馬している。そのことは、徳川側に立つ史料も一様に認めているところである。なぜ、そんなことになったのだろうか。

結論から先にいってしまえば、この合戦が行われた頃には、騎馬武者も下馬して戦うことが、しっかり慣行化していたからである。

昔の武士、といっても「武士」とはなにかというのが学界では議論の種なのだが、ともかくわれわれが常識的に武士と考えているような連中は、そもそもは騎馬弓兵であった。つまり馬に乗って弓矢で戦うのが本来の姿だったので、平安時代から鎌倉時代までの武士たち、たとえば平将門《まさかど》や源義経は明らかに馬上で戦っていた。

ところが楠木正成や足利尊氏の活躍した時代になると、これは少々怪しくなる。南北朝の頃には、馬上での戦闘はもちろん行われたが、れっきとした騎馬武者が下馬して戦うようなケースも多くなった。それ以後、次第に下馬戦闘が定着していくこととなる。

日本人には、余りにも当たり前過ぎることだったためか、わが国の史料には、はっきり書いたものはそれほどないが、宣教師のフランシスコ・ザビエルは、一五五二年（天文二十一）に、日本人は馬術には熱心だが、戦闘になると馬を使わないで徒歩で戦うと報告している。彼の後輩のルイス・フロイスも、われわれの国では馬上で戦うのに、この国の人たちは、戦わねばならないときには馬から下りてしまうと、書簡や著作でくり返し記している。

下馬戦闘が定着した理由については、いろいろ考えられる。騎馬兵に対する徒歩兵の比率と比重が上昇したこと、城郭戦が増えてきたことなどが大きく影響しているのは確かであるが、それだけではなく、馬そのものにも問題があった。

フロイスたち外国の観察者は、当時の日本馬が貧弱なこと、訓練のできていないことを指摘しているが、たしかにそういわれても仕方のないところがあった。馬格は小さく今日のポニー並みだったが、去勢の習慣がなかったためか、気性は荒くて扱いにくかった。また、蹄鉄《ていてつ》を打つことも知られていなかったので、しっかり走らせられなかった。

それでも、そういう馬に乗った者同士で戦っている間は、まだよかったのかもしれないが、徒歩兵が質量ともに変化してきて、戦闘のやり方も変わってくると、そうはいかなくなる。結局、馬は戦闘用というより、輸送用の道具になってしまった。戦闘で馬を使うとすれば、崩れた敵を追いかけるときか、味方が負けて逃げ出すときかのどちらかであった。

三方原の戦いでも、双方の騎馬武者は、正にそのような典型的な形で馬を使用した。もちろん、馬に乗って追いかけたのが武田方で、馬で逃げたのが徳川方である。逃げる家康が乗馬を鉄砲で撃たれ、家臣の一人が自分の馬を提供したという話も残っている。

信玄がめざした軍隊

たまたま鉄砲のことが出てきたが、武田軍と鉄砲の関係については、ある種の誤解というか曲解がつきまとっている。そのことは長篠の戦いのところで触れるが、この時代の鉄砲の威力をあまり買いかぶらないほうがよい。それは鉄砲の本場のヨーロッパにおいても同じで、社会学者のマックス・ヴェーバーなどは、戦いのあり方を変えたのは、火薬ではなくて規律だったといっているくらいである。

ヨーロッパ人は、進めといったら進み、撃てといったら撃ち、止まれといったら止まるような軍隊を理想として実現に努めた。その結果、十八世紀プロシアのフリードリヒ大王の鉄砲隊のように、一隊が一個の機械のように整然と動く軍隊ができ上がっている。

信玄も、こういう軍隊をつくりたかったらしい。戦国時代の部隊編制は、馬に乗る資格のある士五十人とか百人を中核に組み立てることになっていたが、信玄は、その五十人なり、百人なりの士が、槍を突けといわれたら、一斉に突くような軍法を定められないものかとかねがねいっていたそうである。

そのくらい簡単ではないかと思われるかもしれないが、この当時の軍隊は、想像以上にいい加減なところがあった。三方原の徳川家の連中を見てもわかるように、規律も統制もなく、自分勝手に動く奴が多かったし、それが許容されてもいたのである。

中国の毛利家などは、元亀元年(一五七〇)頃になっても、「人数立《にんずうだ》て」つまり各隊の編制がはっきりしていなかったので、われがちに前のほうへ出ようとする者が多かったという。そういえば、〈先進的〉だったはずの秀吉の軍隊にしたところで、賤《しず》ヶ岳の戦い(天正十一〈一五八三〉)の頃までは、本人の意思次第で誰でも勝手に先陣に加わることができた。

川中島の章で触れたように、この時代には飛び道具による負傷者が目立っているが、それは身をかばって、離れた所から戦いたい人間が多かったからである。その反面、やる気のある者は、個人的な功名手柄を求めて自分勝手にとび出ていきたがった。逃げ出したい者ととび出したい者を一つにまとめて組織的に動かすのは難しいことだったに違いない。

そういう状況のなかで、規律正しく動く軍隊を考えた信玄は、やっぱり偉いというべきだろうが、彼の理想がどこまで実現できたかはおぼつかない。ただ、信玄の遺法だという槍術訓練を見たことのある勝海舟が、個人的な勝負を争うのではなく大勢の人間が一斉に進退していること、甲冑の色を統一して一体感を高めていることなどは、「大いに今日の西洋風に叶《かな》っている」と評しているから、かなりの程度まではいったのである。

第五章　誤解だらけの〈新戦法〉

――織田信長と長篠の戦い

長篠はなぜ有名か

長篠《ながしの》も超有名な合戦で、今さら説明するのも気がひけるくらいだが、天正三年（一五七五）五月二十一日、織田信長・徳川家康の連合軍が武田勝頼の軍勢を破ったものである。もう少し詳しくいうと、武田軍が徳川家の属城長篠城（愛知県南設楽郡鳳来町）を囲んだので、家康は信長に応援を依頼して、ともに救援に赴き、城の西方数キロを隔てたいわゆる設楽原《したらがはら》（愛知県新城市）一帯で武田軍と戦い、大勝利をおさめたのである。

ここでお気づきと思うが、合戦が行われたのは、城のあった「長篠」ではない。そのため、最近では「設楽原の戦い」と呼ぶ人も出てきたが、まだ定着しているとはいえないし、「設楽原」という呼称も誤りで、本当は「あるみ原」だという意見もある。いずれにせよ、「長篠の戦い」という呼び方はおかしいのだが、昔からそう呼び習わされているので、さしあたりそのままにして話を進めたい。

この戦いが有名になったのは、一つには天下の行方に影響するところが大きかったからである。家康が武田信玄を恐れていたことは、すでにいったとおりだが、信長もまた信玄は苦手だったようである。幸い信玄は、天正元年（一五七三）に死んでしまったが、武田軍は依然として強敵であった。それを一挙にたたき破ったのだから、家康はもちろん、信長の前途はきわめて

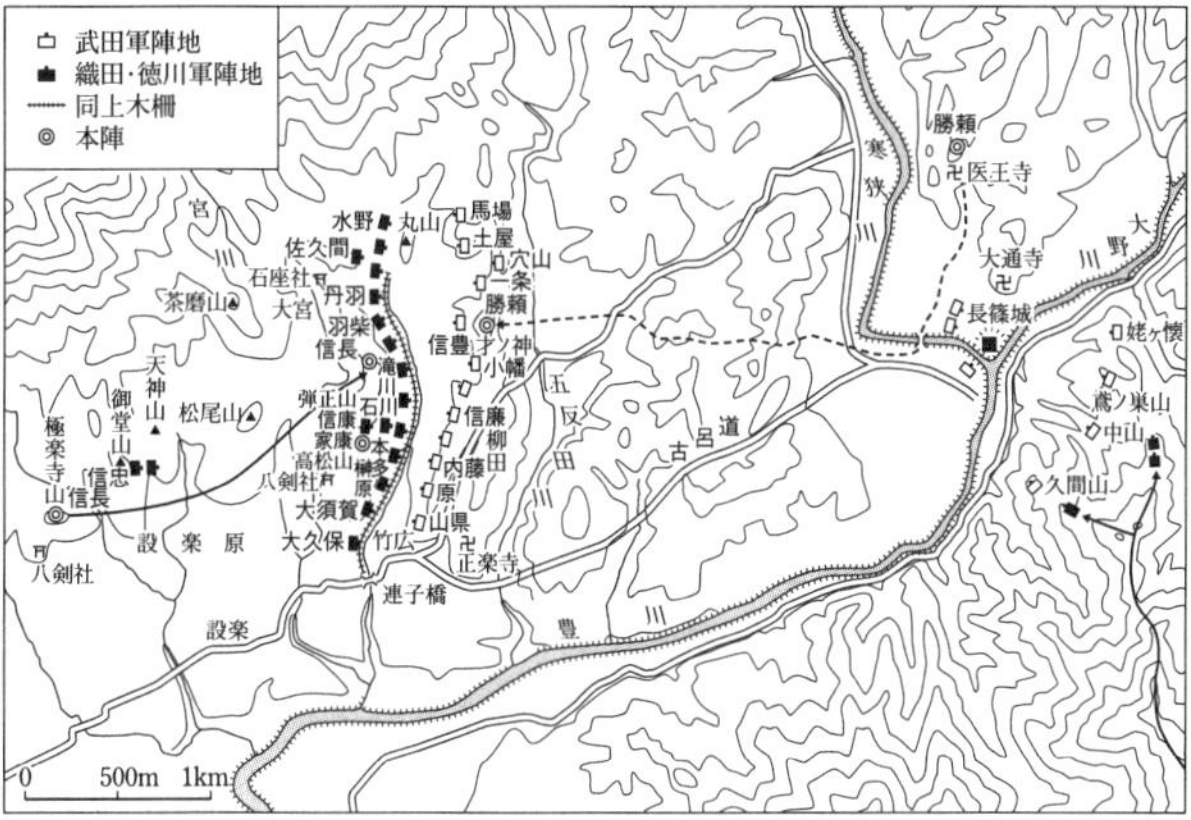

長篠の戦い要図（高柳光寿『長篠の戦い』［昭和35年・春秋社］を参考）

明るいものとなった。

そのこと以上に、この合戦を有名にしているのは、信長が斬新な戦法を用い、その結果、わが国の戦闘方式が一変したという見方があるからである。怒濤《どとう》のような武田騎馬隊の突撃を馬防柵《ばぼうさく》に拠る信長軍三千の鉄砲隊が三段撃ちで迎え撃つという長篠合戦譚は、歴史ファンであれば、とっくにおなじみのものであろう。

その結果、長篠の戦いまでは、武田軍に代表されるような馬上で槍や刀をふるう「騎馬白兵主義」の戦い方が主流であったものが、それ以後信長のやったような鉄砲主体の「徒歩火兵主義」に変わっていったというような説明を聞いたことのある方も多いだろう。

だが、こうした合戦譚は、実証された史実

に基づいて出てきたものではない。江戸時代の初期に小瀬甫庵《おぜほあん》という作家がでっち上げた与太話から始まったものである。それを明治になって陸軍参謀本部が史実のように取り上げたのが発端で、学者や軍人があれこれと論を立て、長篠で「戦術革命」が起きたかのような話にまで発展してしまったのである。

この戦いについての誤解

長篠の戦いについての話は、誤解に満ちていて、なぜああいう形で合戦が行われたかということからして、いい加減な説明が通用している。

確定的な史料はないが、織田・徳川連合軍は、武田軍のだいたい三倍くらいの兵力を集めたと考えられている。その多勢の連合軍のほうが堅固な陣地を構築して立てこもってしまった。一般には、馬防柵を三重に設けたとされているが、実際には柵だけではなく、切岸《きりぎし》をつくったり、空壕や土塁を構えたりした、きわめて堅固なものだった。

通説では、信長は、この際、武田軍を殲滅《せんめつ》してやろうというので、そういうことを考え出したのだと説明している。だが、この時代の常識では、相手が何倍もいるような場合には、小勢のほうは戦闘を避けるのが普通である。相手方がしっかり陣地を築いているとなれば、なおさらである。したがって、信長が本当に武田軍との決戦を望んでいたものならば、やってくる可能性のきわめて乏しい相手を陣地にこもったまま待っているべきではない。自分のほうから押し出してゆかねばならないが、彼は、そういうことはしていない。

結果的には、小勢の武田軍が多勢の立てこもる「陣城」(勝頼自身の表現)を正面から攻撃する形になった。そのため通説的解釈では、信長があれこれ術策を施して勝頼を引っぱり出したのだとか、勇気はあり余っても知恵の足りない勝頼が自軍の強さを過信して、それに引っかかったのだとか説明している。しかし、それは結果を知っている者だからいえることであって、信長がそう計画したから、そうなったというようなことではない。

戦国大名というのは、やりたいからといって、損害を顧みずに決戦を挑んでいけるような環境にいたわけではないこと、彼らの戦争は、本質的に「陣取りゲーム」であったことは、前にも説明したとおりである。もちろん、信長も勝頼も、その例外ではないから、できるだけ少ない損害で、ゲームに勝つことを考えなければならなかった。

織田・徳川側からすれば、第一目的は長篠城を相手に渡さないことであるし、武田側からすれば、長篠城を奪うことである。もちろん、その上で敵軍に大打撃を与えられないかということは、双方考えたかもしれないが、それは自軍に大きな損害を出さないという条件付きでのことである。もともと小勢の武田軍にとっては、特にそういえるだろう。

勝頼は、たしかに撤退を選ばずに織田・徳川軍に向かって進撃した。だが、まっしぐらに攻めかかったわけではなく、途中の台地上でいったん停止して陣地を構築している。彼も、できるだけ損害を出さずに目的を達成できないかと模索していたはずである。

それが一転してああいう結果になった直接の原因は、織田・徳川軍が別働隊を出して、武田側が長篠城攻囲のために設けた付け城（対塁）を攻め落としたことにあるだろう。これで武田側に撤退の余地がなくなったかどうかは疑問だが、彼らとしては退路を絶たれたという思いから、不利を承知で正面攻撃に出ざるをえなかったのではないかと考えられる。

それなら、この付け城攻撃自体が武田軍を引き出す術策だったのではないかという主張もあるかもしれないが、私も参加したある座談会で藤井尚夫さんが指摘していたように、長篠城を確保するための手だてと理解するのがもっとも状況に合致しているだろう。

騎馬攻撃についての誤解

勝頼は〈武田騎馬隊〉の突進力に自信を持っていたので、無謀ともいえる決戦を挑んでいったというのが通説の態度だが、三方原の箇所で説明したように、武田家に〈騎馬隊〉といえるような組織があったわけではない。したがって、仮に勝頼が愚将だったとしても、ありもしないものを過信できるはずがない。

騎馬兵はたしかにいたが、それほど大勢いたわけではないし、今日のポニー程度のちっぽけな、蹄鉄も打っていないような馬に乗った連中を寄せ集めてみたところで、近代ヨーロッパの騎兵のような密集突撃などできるものではない。そもそもそういう訓練をしていた形跡すら見当たらないのである。それに同じく三方原の箇所で触れたように、この頃には一般に騎乗したまま戦うということはなくなり、下馬戦闘が慣行化してもいる。

黒澤明監督が『影武者』の長篠の場面で描いた、大きな馬に乗った武士たちが一団となって、馬蹄を轟かせ、長槍を揃えて猛スピードで突っ込んでゆくような光景は、まったくの絵空事と知るべきである。

実は、武田勢が騎馬攻撃をかけてきたと積極的に主張している史料は、小瀬甫庵の『信長記』とそれに追随する軍記類くらいで、質の良い史料ではっきり書いたものがあるわけではない。武田側の『甲陽軍鑑』は、地形も悪く、相手方が柵を設けているような所で、そんなことがやれるはずがないではないかと、騎馬突撃説に猛反発している。

それでも、現地の状況を見れば、騎馬突撃は決して不可能ではなかったなどと、まだ主張している人がいるが、小さな馬が重たい鎧武者を乗せて、三々五々トコトコと攻めかかっていったところで、いったいどういう効果が期待できただろうか。

しかも、長篠の場合、相手方は、柵、壕、土塁を構えて待っていた。これは現代の競争馬だって飛び越えることは不可能だろう。これに対しては、ＮＨＫの歴史番組のように、雨で柵が見えなかったのだなどと、苦しい〈弁明〉をした例もあるが、雨は一日中降り続いていたわけではないし、そもそも前方になにがあるのか、まったく見えないのに突撃をかけるなどということがあるだろうか。これはもう、常識の問題というほかはない。

信長と鉄砲についての誤解

長篠の戦いというと定番的に出てくるのが鉄砲で、信長はいち早く鉄砲という新兵器に着目し、それを大量に使用することによって成功をおさめたということになっている。だが、これはかなり怪しいお話である。

信長だけが早くから鉄砲に注目していたと主張する人は、『信長公記』に、信長は十六、七、八頃から鉄砲を習っていたとあるのをとらえて、さすが天才は違う、ほかの連中はそんなことはしなかったと褒めそやす。だが、ちょうど同じ頃、紀州の雑賀衆などは、信長よりもっと年下の子供にまで、鉄砲を撃ち習わせていた。

わが国で最初に大量の鉄砲を使ったのは信長で、それが長篠合戦のときだったという話にしても、別に確たる根拠があるわけではなく、単なる〈思い込み〉にすぎない。長篠の主戦場に信長が並べた鉄砲は三千挺あったとするのが、従来からの説であるが、これも小瀬甫庵の与太話を明治の陸軍参謀本部が史実のように取り上げたまでである。参謀本部は、三千挺説にさらに尾ヒレをつけて、信長は一万人の銃兵のなかから、三千人を選抜したのであるともいっているが、もちろん、なんの根拠もある話ではない。

これに対して、太田牛一の『信長公記』には、「千挺ばかり」という記述があるが、藤本正行さんは、牛一の自筆本などをチェックされた結果、これが目下のところ、もっとも信頼できる数値だとされた。主戦場に立ち並んで、この約千挺の鉄砲を操ったのは、必ずしも信長直属の兵士たちではなく、後方に残してきた筒井順慶とか細川藤孝なども含めた配下の諸将のところから、何十人ずつか提供させるなどして寄せ集めた者たちであった。

なお、藤本さんも指摘しているように、牛一は、戦闘中に鉄砲の追加投入のあったことも記しているし、ほかに武田の付け城攻撃に直属の銃兵五百を出したとあるから、正確には、この戦いで信長の使った鉄砲は、千五百挺プラスアルファということになる。

これは決して少ない数ではないが、五年前の元亀元年（一五七〇）に信長が足利義昭をかついで三好党と戦ったとき、信長側の応援にやってきた紀州の連中は三千挺持ってきたそうだと、ほかならぬ『信長公記』が記している。これだけを見ても、長篠以前に大量使用の例はなかったなどということはありえない。

長篠の戦いで鉄砲が大きな役割を果たしたことは間違いないが、あまり過大に考えないほうがよい。織田・徳川軍が鉄砲を有効に使えたのは、野戦築城と組み合わせたからであって、鉄砲だけの〈手柄〉とはいえない。そうした戦例も既にあった。鉄砲というと、とかく攻撃的な武器のように考えられがちだが、本当は防御向きの武器であった。このことは、攻撃する側にまわった武田軍の鉄砲があまり効果を発揮しなかったことと対比してみればよくわかる。

こういうと、武田軍は鉄砲なんてろくに持っていなかったのではないか、と思う方も多いかもしれない。武田軍は騎馬隊の威力に期待する余り、鉄砲については不熱心だった、それが長篠の大敗につながったということが、一種の〈歴史常識〉のようになっているからであるが、これは誤解というか曲解に近い。

武田家は信玄の時代から、鉄砲の導入には力を入れていて、三方原の戦いでも、かなり使用されたことは、徳川側の史料からもうかがえる。勝頼にしても同様で、武田軍に囲まれた長篠城が彼らの銃撃によって穴だらけになっていたと、後に徳川家康自身が証言しているくらいである。ただ、野戦で攻撃にまわったばかりに有効に使えなかったのである。

成り立たない〈三段撃ち〉説

〈三千挺〉説がそうであったように、〈三段撃ち〉説もまた小瀬甫庵の創作である。確かな史料、たとえば関係者の書簡や覚書などで、そのことを書いたものは一つもないし、『信長公記』などにも、それらしいことはまったく出てこない。

このように史料的な根拠がないというだけでも〈落第〉だが、それだけではない。〈三段撃ち〉は、実行できる可能性も乏しければ、実行する必要性もない戦法であった。

もっとも、実現性については、いまだに〈三段撃ち〉は可能だったと主張している人たちがいる。たしかに、定説的にいわれているような交替射撃は、条件次第では不可能だったわけではない。現実にも、この十五年後には、オランダのマウリッツ公がまさにそのとおりの戦法を編み出している。ただ、マウリッツにそういうことができたのは、兵士を徹底的に鍛える時間（と十分な給料を支払える経済力）があったからである。

信長が戦場に並べた銃兵は、先ほどいったように、あちこちからかき集めてきた連中だった。一度も一緒に訓練したことのない兵士たちに、いきなり〈三段撃ち〉などという難しいことをやれといったところで、絶対にできるはずはない。

〈三段撃ち〉を主張する人たちは、第一列目の兵士は、ドンと撃ったらタッタッと最後尾まで走ってゆき、入れ替わりに第二列目が出てきてドンと撃ったのだと気楽にいうが、そんな簡単な話ではない。第一列目の兵士は、回れ右するのか回れ左するのか、第二列目の兵士はさがってくる第一列目の兵士の右側を抜けるのか、左側を抜けるのか、そういった基本的なところからたたき込んでおかなかったら、たちまち大混乱に陥ってしまう。

おまけに、長篠の戦場はもともと狭いところへ持ってきて、柵、壕、土塁を何重にも構えていた。仮にそうした訓練を経た連中を連れてきたところで、三列になった兵士が入れ替わりながら動ける余地などあるものではない。

火縄銃の実技に詳しい方たちに聞いてみると、火縄銃の場合、密集して使うのはきわめて危険であり、困難であると異口同音にいわれる。発砲すれば白煙が立ちこめて視界をさえぎるし、火焔が吹いたり、火薬がとび散ったりするので、前後を詰めることはできない。それでは左右はどうかというと、各人が火薬と点火した火縄を持っている関係で、接触されると引火事故の恐れがあるし、暴発の危険も伴うから、やはり詰められない。

要するに、長篠の信長は、仮にやりたくても、〈三段撃ち〉など実行できるだけの条件を持っていなかったのだが、本人にしてみれば、やりたくもなかっただろう。そんな必要は、まったくなかったからである。

〈三段撃ち〉のような戦法が必要になり、効果も発揮するのは、相手が大軍で人海戦術のようなことを仕掛けてきた場合である。ところが長篠の武田勢は数も織田・徳川勢の三分の一くらいだったうえに、それが全戦線で一斉にかかってきたわけではない。戦線のあちらこちらで断続的に攻撃を加えてきたのが実態である。

定説どおりだとしたら、戦線一杯に立ち並んだ信長の銃兵は、目の前にまったく敵がいない場合でも、また、いるにはいるが、いまだ射程内に入っていない場合でも、いっさいおかまいなしに、機械的に交替しながら発砲させられたことになってしまう。高価な弾丸や火薬を浪費するだけの、そんな無駄なことをやる必要など、まったくないではないか。

長篠の戦い以後、なにかが変わったか

長篠の戦いの結果、日本人の戦い方は、がらりと変わりましたというのが、通説的な見方だが、これもまったく事実に反している。

結論を先にいわせていただけば、長篠の戦いで実際に行われたようなことは、それ以前から行われていたことだし、実行されたといいながら、本当は行われなかったようなことは、その前にも後にも、いっさい行われたことがない。

といっても、ピンとこないかもしれないので具体的に説明すると、大量の鉄砲を使用するとか、戦場に柵などの障害物をつくるようなことは、以前からあったことである。

これに対して、銃兵を何列にも並べて入れ替わりながら撃たせるとか、騎馬兵が騎乗したまま長槍を揃えて突っ込んでくるとかいった光景は、長篠の前後を通じて、まず見ることのできないものだった。それでも銃兵の交替射撃などは、幕末になって西洋式の戦術が導入された後であれば、あるいは見ることができたかもしれないが、騎馬《きば》長槍《ちょうそう》部隊の突撃などは、後にも先にも絶対にありえないことであった。

これでは、なにも変わりようがないが、それも当然である。わが国の戦い方を見ると、ずっと遠戦主義つまり飛び道具主体で戦闘の決着をつけようという傾向がきわめて旺盛であった。逆にいえば、刀や槍のような白兵（刃のついた武器の総称）を主武器とする白兵戦闘で勝負しようというような志向が強く打ち出されたことはなかった。

そのことは、負傷者の統計などを引きながら、すでにご説明したとおりだが、このあたりを見誤ると、長篠を境に戦い方が変わったなどといいたくなるらしい。そのため、それまでは騎馬主体の白兵主義時代だったが、そこから先は徒歩兵主体、鉄砲主体の時代になったというような話がもっともらしく語られることになるのである。

騎馬主体から徒歩主体に変わったというのは事実だが、それは長篠の戦いのはるか前から定着していたことである。遠戦主義は、ずっと変わっていないのだから、「騎馬遠戦主義」が「徒歩遠戦主義」になったということである。もちろん、長篠の戦いを待つまでもなく、はるか以前からそうなっていたのである。このあたりのところに疑問あるいは興味をお持ちの方は、私の『鉄砲隊と騎馬軍団』（洋泉社新書y）を見ていただきたい。

それでは、信長はなにをやったのか

信長を天才的戦術家と考えたい人には残念かもしれないが、この戦いでの彼は目新しいことなど、なにもやっていない。そもそも信長を大戦術家のようにたたえるのは疑問であって、彼はむしろ政略家・戦略家として評価されるべき人である。

そのことは、また後の章で触れるが、長篠の戦いでの信長は、前例のない独創的なことなど、なに一つやらなかった代わりに、きわめて〈常識的〉に行動している。

信長は、武田軍と戦うに当たり、敵の何倍もの兵力を用意し、数で圧倒するかまえを見せる一方で、別働隊を出して敵の包囲を破ろうとした。これも、兵力に余裕があるからできたことであるが、少なくとも、長篠城を確保するという目的は、これで達成できる。

それと併せて、陣地を構築し、装備をととのえて待ったのは、万一の場合の〈保険〉のようなつもりだったろう。数で脅かせば、武田軍は戦わずに引き揚げる公算が強いが、仮に攻撃に出てきたとしても大丈夫なように準備したまでである。信長にしてみれば、長篠城さえ取られなければ、無理して勝たなくても、負けなければ十分なのである。

結果は、信長側の大勝、勝頼の大敗という形になったが、勝頼が〈非常識〉だったのかというと、必ずしも、そうとは言い切れないことは、すでに触れたとおりである。双方の思惑が、信長にとっては予想以上に良い方向に外れ、勝頼にとっては最悪の方向に外れてしまったというのが、掛け値のないところであろう。

第六章　日の当たらない集団の戦い

——雑賀衆と石山・雑賀の戦い

なじみの薄い戦争

戦国合戦のなかには、その意義の大きさの割には、よく知られていないものがある。これから話しようとする石山合戦などは、その典型的なものといえる。織田信長と本願寺勢力が、元亀元年（一五七〇）から天正八年（一五八〇）まで戦ったものだくらいのことは、教科書の類などにも一応載っている。だが、この戦いが当事者である信長と本願寺の運命だけではなく、わが国の歴史の流れを左右しかねないような意味を持つものであったことは、まず触れられているタメシがない。

信長にとっての本願寺は、東の武田信玄と並ぶ西の大敵であった。長篠で信玄の子勝頼に大勝した信長は、このうえは敵は大坂（本願寺）だけだから、もう大丈夫だと胸を張ったが、ことはそう簡単に運ばなかった。結局、彼は永禄十一年（一五六八）に上洛してから本能寺で死ぬまでの十四年のうち、ほとんど十年間、本願寺と取っ組み合っていたことになる。これでは天下一統のプログラムがくるってしまったのは当然である。

この戦いが「石山合戦」と呼ばれているのは、当時、本願寺が摂津石山（大阪市中央区）にあったからである。ただし、「石山本願寺」といった呼称は、秀吉時代の「天満《てんま》本願寺」と区別するため、後世使われるようになったもので、その当時のものではない。

本願寺は、浄土真宗本願寺派の本山であるが、この宗派のことを世間では、当時から「一向《いっこう》宗《しゅう》」と呼んでいて、後世にも、そのほうが通りがよい。本願寺門徒の戦闘行動を「一向一揆《いっき》」というのも、そこから出たものである。

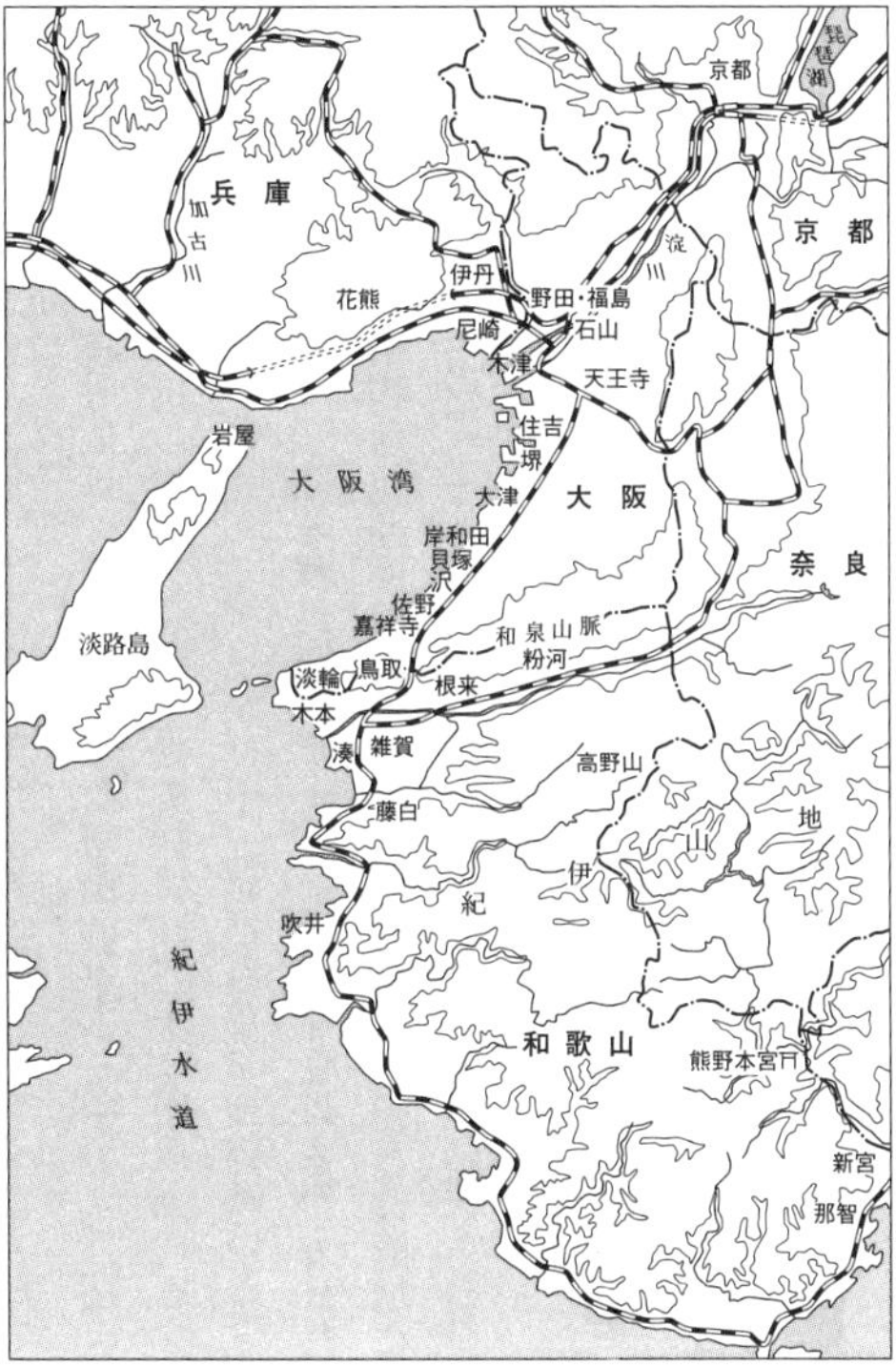

石山・雑賀の戦い要図（鈴木眞哉『紀州雑賀衆 鈴木一族』[昭和59年・新人物往来社] を参考）

この石山合戦と、これまで説明してきた諸合戦との違いは、まず単発の戦闘ではなかったところにある。本願寺側は、城構えにした石山の本山を中心に、逐次、周辺に支砦を構築して持久戦法で信長に対抗した。支砦は、最終的には五十ヶ所以上にもなったという。結局、石山合戦は、二回の休戦をはさんで、足かけ十一年にも及ぶ長い戦いとなった。

そういうと、ずっと守城戦が続いたような印象を受けるかもしれないが、そういうわけではない。信長が本格的な包囲態勢を整え、本願寺側もはっきり籠城に入ったのは、天正四年（一五七六）途中からのことである。信長側、本願寺側ともに、これを「五か年」の籠城といっているが、正味は四年数ヶ月である。

その間、城の周辺での戦闘はしょっちゅうあったが、具体的な内容のわかるものは少ない。記録の残っているうち、めぼしい野戦としては、元亀元年の緒戦段階と天正四年に行われたものがある。海路による補給をめぐって、海上でも戦われているのも、この合戦の一つの特徴だが、天正四年と六年には、大きな海戦が行われた。補給路の争奪に関わる問題については、次の章で説明したい。

狭い意味での石山合戦のあらましは、そういったことだが、信長が天正五年（一五七七）に二度にわたって仕掛けた紀州雑賀攻めなども、明らかに石山攻撃の支作戦として行われたものである。同じような戦いは、河内（大阪府）方面でも行われている。また、信長と伊勢（三重県）

長島、越前（福井県）など各地の一向一揆との戦いも、広い意味では石山合戦の一環だったことになるだろう。

宗教戦争という誤解

時間的にも空間的にも、珍しいほどの大騒ぎになった石山合戦は、なぜ始まったのだろうか。それを考えることは、信長はなぜ本願寺と戦ったのかを考えることでもある。

昔から広くいわれてきたのは、信長が石山の地に目をつけて、ここに本拠をかまえようと考え、本願寺に明け渡せといったところ、本願寺がこれを拒否したため戦争になったというものであった。たしかに、石山については、信長の旧臣太田牛一も「日本一の境地」と書いているし、後に豊臣秀吉が大坂城を築いたくらいだから、信長がそういっても不思議はなさそうだが、はっきりした証拠があるわけではない。

ということで、この説は、学者の間でも必ずしも認められていなかったのだが、近年また一部の人が、そう解釈できる史料があると言い出した。果たして、その史料をそう受け取ってよいかどうか、私には疑問だが、その点は措く。根本的な問題は、そうした主張が正しければ、本願寺が石山以外の場所に本山を置いていたら、石山合戦は起こらなかったことになってしまうが、そんなことは、ありえないだろうということである。

こういうと、そうか信長は無神論者だったから、宗教団体であれば、どこに本拠があろうと、とにかく〈目の仇〉にしたのかとお考えになる方もおられるかもしれない。だが、それは少々早とちりというものである。

信長を無神論者というのは、宣教師ルイス・フロイスの報告などから言い出されたものらしいが、彼の書いているところをよく読むと、近代的な意味での無神論者だったのではなく、禅宗的なものの見方によるものだったとわかる。

信長もけっこう神社にお参りしたり、お寺に祈禱を頼んだりしていたことは、信玄に関連して、すでに触れたとおりである。また、宣教師の報告が本当なら、しまいには自らが神様になって諸人に拝まれようとしたというが、こんな〈無神論者〉があるものではない。

一方、信長の攻撃を受けた宗教団体側は、本願寺を含めて、これを「法難」ととらえた。彼らからすれば、信長は〈仏敵〉つまり仏教信仰を妨げる敵にほかならなかった。そこから石山合戦は、宗教戦争だったというような見方が出てくるが、実際には、信長が各宗派の信仰そのものを問題にしたような形跡は、まったく見当たらない。

この時代の諸侯には、特定宗派を弾圧したり、部下や領民に改宗を要求したりしたような例がいくらもある。信長の同盟者家康も、一向一揆でひどい目にあって、そういうことをやっている。ところが、信長は、浄土真宗にしろ何宗にしろ、個人の信仰の領域に手を突っ込むようなことは一切しなかった。信長と一向一揆の対決は、信長が阿弥陀《あみだ》さまを信じてはならないといったから始まったわけではない。

　信長が攻撃を加えた浄土真宗の本願寺教団、天台宗の比叡山、真言宗の高野山に共通しているのは、これらが単なる宗教団体ではなく、領地を持ち、財力を蓄え、俗世間で大きな力を振るっていたことである。比叡山や高野山は「僧兵」などの形で私兵集団まで擁していたし、本願寺も門徒の一揆に支えられていた。信長は日蓮宗（法華宗）にも手荒なことをやっているが、これも彼らが武力闘争をやった〈前科〉があったからであろう。

一向一揆と江戸時代の百姓一揆とは違う

　本願寺は信徒に対しては、大変な権威を持ち、豊かな財力を誇っていた。加賀（石川県）などを事実上領国化し、石山の本山周辺のかなり広い地域も支配していたから、その点では、他の戦国大名と変わるところはなかった。

　違うところがあるとすれば、自前の軍隊を持っていなかったことくらいだろう。よく「本願寺の僧兵」と書いている例があるが、そんなものは後にも先にも存在したことがない。その代わり、諸国の末寺や寺内町を拠点にしていた門徒衆を召集したり、指示を与えて蜂起させたりすることができた。これは、どんな戦国大名にも真似のできないことであった。

「天下布武《てんかふぶ》」を標榜《ひょうぼう》して武力による天下一統を目ざしていた信長としては、本山がどこにあるかに関係なく、こんな集団を放置しておけるものではない。石山合戦は、信長の実質的な勝利で終ったが、もし彼が敗北していたら、本願寺は一向一揆に支えられて、ずっと勢威を張り続けたに違いない。それが善かったか悪かったかは別として、その後のわが国の歩みは、今日われわれが見ているところとは、まったく違うものとなっていただろう。

その信長の軍隊を向こうにまわして戦ったのは、武装門徒集団であった。これがいわゆる一向一揆であるが、その実態については、誤解されているところが多い。たとえば、江戸時代の百姓一揆と同じように考えたがるという、困った傾向がある。テレビドラマや歴史番組などには、一向一揆というと、甲冑もつけず布子《ぬのこ》一枚で竹槍をひっさげ、筵旗《むしろばた》を掲げた集団がお決まりのように出てくるが、これもそのためである。

そんな連中がちゃんと装備をととのえた軍隊と戦えたはずはないと思うのだが、プロの学者を含めて、そうした疑問を呈した人はあまりいない。それどころか、彼らは信仰心の固さや団結力の強さによって、信長軍と優に対抗できたようなことをいっている人が、いまだにたくさんいる。信仰心とか団結力があれば、竹槍で戦争に勝てるものなら苦労は要らないが、こうした態度は、銃剣突撃と「必勝の信念」さえあれば近代戦を勝ち抜けると考えていた旧日本陸軍のお偉方《えらがた》と瓜二つといえる。

現実には、本願寺側に竹槍しか持たないような人たちが加わった例はある。元亀元年（一五七〇）九月、緒戦に失敗した信長軍が京都へ引き揚げようとするのを、江口の渡し（大阪市東淀川区）でこうした一揆勢が要撃しようとしたことがあるが、なんの効果もなかった。

これは当たり前の話で、信長が十年間も手こずらざるをえなかったのは、相手側が装備、戦法、情報力などで信長軍に十分対抗できるだけの軍隊を抱えていたからである。それは今いったとおり、諸国から召集した武装門徒によって構成されていたが、その代表的なものであり、中核ともなっていたのは、紀州の雑賀衆《さいかしゅう》であった。

紀州雑賀衆の果たした役割

宣教師のフロイスは、石山合戦が終って五年後に本国に出した報告のなかで、本願寺がもっとも頼りにしていたのが、雑賀の兵士たちであったと記している。実際、本願寺はなにかというと雑賀衆に応援を依頼しており、たまたま彼らが石山周辺に居合わせないと、一大事とはこのことだとばかり、法主《ほっす》の顕如《けんにょ》が先立ちになって騒ぎまくっている。

それほど大きな存在でありながら、彼らのことは正確に知られていない。ことにひどいのは、いまだに根来衆《ねごろしゅう》と混同する人が絶えないことである。そこでまず両者の違いから述べておくと、雑賀衆は紀ノ川下流域、今日の行政区分でいうと和歌山市の大部分と海南市などの一部にまたがる地域の土豪たちの集団であった。これに対し、根来衆というのは、新義真言宗本山の根来寺（和歌山県那賀郡岩出町）の衆徒らを中心とする集団だった。

フロイスは、雑賀衆や根来衆のことを「大いなる共和国的存在」といっているが、近代的な共和国があったわけではないし、褒め言葉でいっているわけでもない。頭に領主をいただかない中世的な自治体制をそなえた集団だったという程度のことである。当時の雑賀については、同時代の阿波十河《そごう》家の家臣も、守護は居らず「百姓持ちに仕《つかまつ》りたる国」といっている。この「百姓」は農民という意味ではなく、在地の人間というほどの意味である。

雑賀・根来両者の間には、地縁だけではなく、密接な人的つながりがあったから、無関係ということはないが、石山合戦をめぐっては、明らかに対照的な態度を取っている。雑賀衆もすべての者が終始本願寺側に立ったわけではないが、おおむねアンチ信長、プロ本願寺であったのに対し、根来衆は大勢としてはずっと信長側にいた。

この点も間違えている人が多くて、根来衆が本願寺に加担したと書いたものがいくらもある。なにしろ、山鹿素行《やまがそこう》や新井白石のような人たちまでが、信長が根来寺を攻撃したとか、これを焼いたとかいっているのだから、この種の誤りの根は深い。

雑賀衆の実態を知らない人たちは、彼らは農民集団だったなどといいたがるが、これはフロイスの報告などをいい加減に読んだ一知半解の説にすぎない。当時は、まだ兵農未分離《へいのうみぶんり》の時代だったから、農民という要素があっても不思議はないが、経済的基盤というなら、農業への依存度は決して高かったとは思えない。雑賀の中心部の農業生産力が低かったことは、江戸時代に紀州藩が編纂した『紀伊続風土記』にも記されている。

藩は年貢を取り立てる立場なのだから、デタラメなことをいうはずはない。農業だけに依存できない雑賀衆は、いろいろなことをやっているが、もっとも実入りのよかったのは交易業、ことに海外とのそれだったようである。これと併せて海運業もやっていたようだし、航海業者が漁業者を兼ねるのは、昔からの慣行である。

雑賀衆のなかには工人もいたようであるし、製塩に目をつけた者などもいたようである。また、傭兵となって諸国で稼ぐ者もいたが、ややこしいのは、分業的にいろいろやっていただけではなく、同じ人間が〈多角経営〉をやっていた形跡があることである。

こうした連中が本願寺の側に立って、事実上、石山合戦の一方の主役をつとめることになった。その理由については、彼らの信仰心の篤さから説明されるのが普通だが、これは一種の〈思い込み〉にすぎない。雑賀衆のなかには、明らかに本願寺の門徒でない者もいたし、門徒である者も、必ずしも本願寺に忠実だったわけではない。

雑賀衆の戦い

雑賀衆についてご存じの方は、鉄砲をよく使った集団というイメージでとらえられているはずである。実際には、彼らの戦闘力は鉄砲を手にする以前から高く評価されていたのだが、雑賀衆といえば「鉄砲」というのが合言葉のようなものである。

その鉄砲は、根来経由で伝えられたというが、両者の人的つながりなどを考えれば、ありえないことではない。鉄砲との付き合いは、そうして始まったのかもしれないが、交易業者としての雑賀衆は、海外との接触があったから、鉄砲の製作に必要な鉄や真鍮《しんちゅう》、火薬の素材である硝石《しょうせき》、弾丸の材料の鉛などを入手するには有利な立場にあった。

当時の雑賀衆はまた、水軍によっても知られていた。といっても、この時代には戦闘用の船と漁業用あるいは輸送用の船は、必ずしも区別されていたわけではないから、魚取りや交易に使っている船を転用して戦うことも多かったのだろう。

石山合戦は、元亀元年（一五七〇）に信長が足利義昭をかついで摂津野田・福島（大阪市福島区）に拠る三好党と戦ったことがきっかけで始まった。信長の矛先が、次はこちらに向かうだろうと予測した本願寺が、先手を打って挙兵したのである。

このとき、信長側には根来衆とともに、多くの雑賀衆が従軍していたが、三好党側にも鈴木孫一《まごいち》以下相当数の雑賀衆が参加していた。石山合戦の緒戦で本願寺方の鉄砲隊が活躍して、信長の軍を撃ち破ったことが伝えられているが、主体となったのは彼らであったろう。

その後も雑賀衆は、何度も信長軍と戦っている。天正四年（一五七六）の石山城下の戦いのことは別に述べるが、このときも雑賀の鉄砲隊が活躍した。同じ頃、雑賀衆の佐武《さたけ》伊賀守という男は、手勢わずか二十五、六名でいるところを、千四、五百の織田勢に急襲されたが、鉄砲を巧みに扱って追い散らしてやったと本人が覚書で威張っている。

翌天正五年には、信長自身が大軍を率いて雑賀を攻撃した。この作戦については、学者でもよく知らない人が大勢いて、ピントはずれの説明をしている例が多い。フロイスは、信長は雑賀を破れば石山本願寺は維持できないだろうと見て、石山攻囲中二度雑賀を襲おうとしたと説明しているが、これが正しい答えである。

信長の率いた兵力は、五、六万から十五万までと諸説あるが、公称十万はあったらしい。これは信長一代の戦歴のなかでも最大級の動員で、これを見ても、彼の力の入れようがわかるが、それだけ雑賀衆の抵抗に我慢がならなかったということであろう。

これほどの大軍を迎え撃つことになった雑賀衆側は、信長の策動で内部分裂を来たしていたこともあって、数千程度の人数しか集められなかっただろう。それでも、鉄砲と地の利を活用してよく防いだため、戦いは長期戦の様相となった。雑賀衆側があれこれ奇計を施したり、信長軍の補給路を狙うゲリラ戦法に出たことをうかがわせるような話も残されている。

困惑した信長は、裏で話をつけたものか、彼らの降伏を受け入れたという形にして面目を立て、なにもできないまま約一ヶ月後に京都へ引き揚げた。雑賀衆は本気で降参したわけではないから、半年もしないうちに再挙し、地元の信長派の連中を攻撃し始めた。

信長は、佐久間信盛らに七、八万の兵をつけて、再び雑賀を攻撃したがまた失敗した。二度目の雑賀攻めについては、学者でも知らない人がいて、最初の攻撃で雑賀衆は本当に降伏してしまったと説明しているような例もあるが、もちろん誤りである。フロイスなどは、雑賀攻めは二度とも失敗に終り、信長はその兵を失ったと明記している。

雑賀衆のその後

その後本願寺は、天正八年（一五八〇）に信長と講和して石山を退去するが、それまでの間、雑賀衆の多くは本願寺側に立って戦い続けた。彼らは石山とその周辺で戦っただけではなく、淡路（兵庫県）、播磨（兵庫県）その他の諸国へも出ていって反信長勢力の応援などに当たったりした。何度もいうように、本願寺には独自の戦力などなかったのだから、彼らのこうした働きが信長の攻撃を支えたのである。

信長も、彼らの〈実力〉を認めざるをえなかった。本願寺と講和したときにも、雑賀衆の動向にすこぶる気を使っていて、彼らを法主の指示どおりに進退させることを本願寺側に誓言させたり、雑賀の主要メンバーから誓紙を集めたりしている。

よく鉄砲が天下一統を促進したということがいわれる。いっている人は、信長のことを想定しているのだろうが、現実の信長は、雑賀の鉄砲衆などの働きに手こずって、本願寺を始末するのに満十年もかかってしまった。彼が鉄砲に助けられたのは長篠の戦いくらいのもので、実際には鉄砲に苦しめられた度合いのほうがずっと強かったのである。

なぜ、そんなことになったのだろうか。実は、鉄砲が統一を促進するというのは勝手な〈思い込み〉というもので、鉄砲の本場ヨーロッパだって、そんな現象は起きていない。それどころか、鉄砲のような火器が闘争を平等化してしまったという見方すらある。誰であろうと鉄砲を操ることができれば、領主たちと互角に渡り合えるということで、信長と雑賀衆の戦いも、そうした観点から見るべきものである。

もっとも、鉄砲の効果はせいぜい戦術レベルまでのもので、個々の戦闘を左右することくらいはできても、それ以上に及ぶものではない。だから、雑賀衆がいくら信長の軍隊を追い散らしてみたところで、彼らに天下が転げ込んでくるなどということはありえない。信長のほうは、戦略・政略を駆使して彼らを圧倒してしまえば足りたのである。

信長が死んで秀吉の時代となると、雑賀衆と根来衆は手を携えてこれと戦った。両者が提携していることからもわかるように、これは信仰をめぐる宗教戦争などではない。実は本願寺は、その頃にはすっかり秀吉派になっていて、雑賀衆にも抵抗しないよう呼びかけたりしたようだが、さっぱり効果はなかったのである。

こうした点を見れば、石山合戦で彼らが本願寺側に立ったのも、必ずしも信仰心によるものではなかったことが理解できるはずである。雑賀衆と信長さらに秀吉との戦いは、一言でいえば、「天下一統」という中央集権化路線を進めたい者と中世的な自治体制を守って割拠していたい者との争いだったということになるだろう。

天正十三年（一五八五）、秀吉は十余万の大軍を率いて紀州攻めに乗り出し、雑賀衆も根来衆も壊滅したが、彼らは、なかなか諦めなかったようである。慶長十九年（一六一四）、大坂の陣が始まると、雑賀・根来の残党のうち、かなりの人数が入城したが、故国にとどまって反徳川の大規模な一揆を計画した連中もいた。

徳川大名の浅野家を追い出し、和歌山城などを乗っ取って関東勢と一戦するつもりだったというのだが、結局は失敗して多くの犠牲者を出した。それにしても、彼らには豊臣家に対する恩義などないのだから、そのためにこんな冒険をするはずがない。夢よもう一度、「大いなる共和国的存在」の復活を願ってのことであったのは間違いない。

第七章　戦術ではなく政略・戦略の勝利

――織田水軍と木津河口の戦い

石山合戦と補給問題

石山合戦の後半は、本願寺側が石山の本城を中心に数十箇所の支砦を配置し、信長側も多くの対塁を構えての持久戦となった。そうなったのは、信長が力攻めを諦めて、「長囲《ちようい》の計」つまり兵糧攻めに出たからである。

兵糧攻めということになれば、守るほうは補給路の確保、攻めるほうはその遮断が最重点課題となる。実際にも、戦況はそういう形で動いていった。

石山とその周辺にいた本願寺側の人数は流動的でよくわからないが、非戦闘員まで加えれば、大変な数であったろうことは、容易に想像できる。そうであれば、米、麦などの食糧だけでも膨大な量が必要であり、本願寺の支配地域で生産されるものだけで間に合ったはずはない。そのほか武器・弾薬が続かなければ戦えないことはもちろんだが、これも支配地域外から持ち込まない限り、どうにもならなかっただろう。

補給路としては、陸路と海路が考えられるが、陸路は信長方が封鎖につとめていたし、もともと大量輸送には適していない。結局、海路を運んできて木津《きづ》川の河口から搬入するというのが主流とならざるをえなかった。

これを担当したのは、雑賀《さいか》やその近辺の「海賊門徒」と呼ばれる連中であった。ここでいう海賊とは〈パイレーツ〉のことではなく、水軍の衆というほどの意味である。彼らが諸国の門徒などから寄せられた物資などを、おそらく雑賀衆などの支配する港にいったん集積し、石山に運び込んでいたのである。なお、さきに本願寺側の人数が流動的だといったのは、雑賀衆自体を含めて兵員の増援や入れ替わりがしきりに行われたからだが、これらの人員の輸送も「海賊門徒」の手によって行われたはずである。

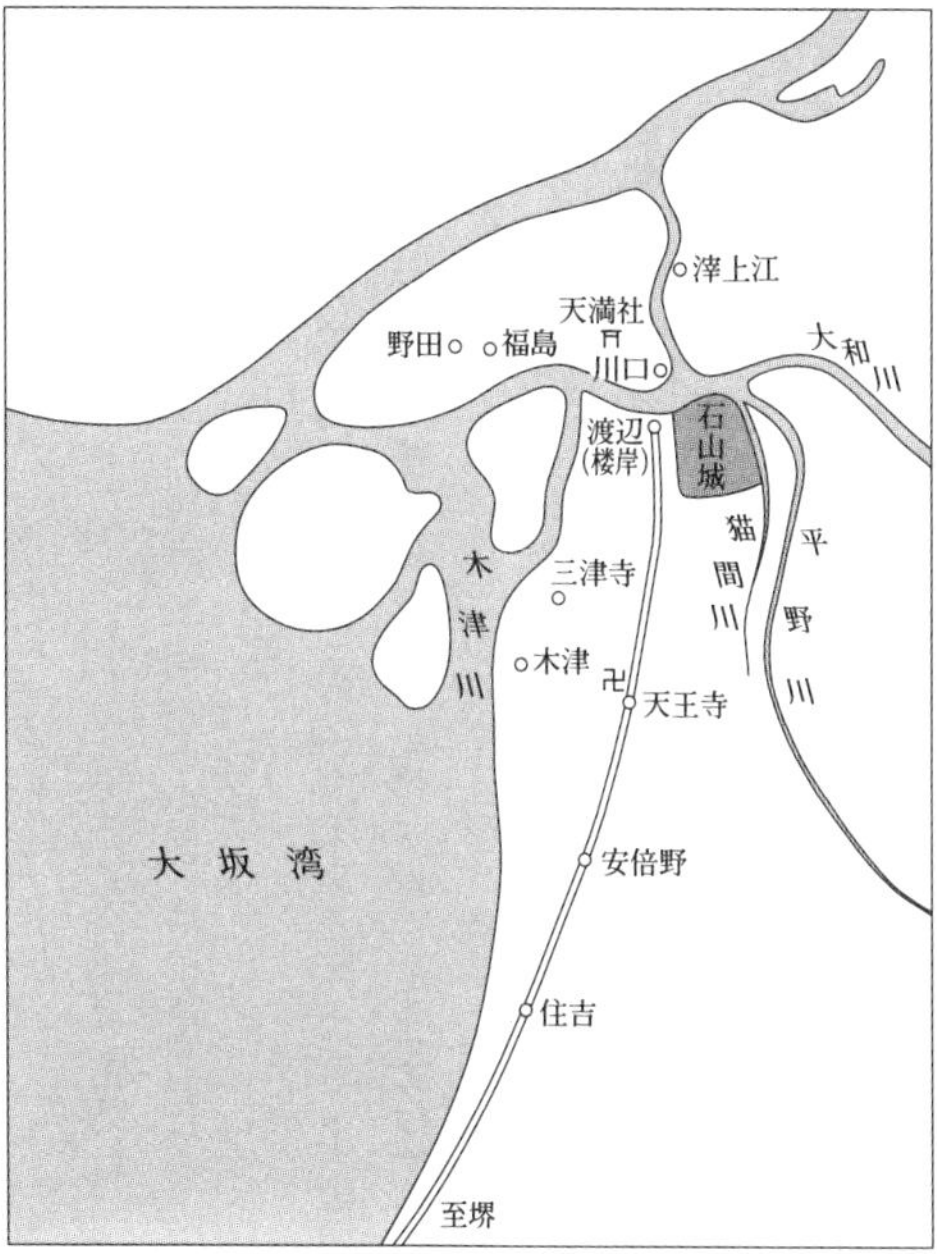

木津河口の戦い要図（『大日本戦史』第3巻［昭和17年・三教書院］の岩崎小弥太・永島福太郎「石山合戦」を参考）

石山の海上封鎖

こうした石山方の補給を、信長も手をこまぬいて見ていたわけではない。彼がまず考えたのは、木津川の河口を陸上から押さえてしまおうということだった。信長は、これを天正四年（一五七六）五月、石山方面を担当する原田直政に指示して実行させた。しかし、原田ら出動の情報は、織田方にいる門徒衆を通じて筒抜けになっていたため、三津寺《みつでら》（大阪市中央区）付近で雑賀の鉄砲衆などに迎え撃たれ、銃撃戦の末に総くずれとなって直政も戦死した。

勝ちに乗る石山勢は、織田方の拠点である天王寺（大阪市天王寺区）の砦を囲み、敗報を受けた信長は、急遽、京都から救援に駆けつけざるをえなくなった。ここまでは、どちら側の史料もほぼ一致しているが、ここから先は双方勝手なことをいっていて、ずいぶん違っている。

一般に信用されているのは、『信長公記』の説である。それに従えば、三千の兵力で一万五千の敵勢に突入した信長は、自らも足を撃たれながら、天王寺砦の味方と合流することに成功した。ここで部隊を再編成して再度敵中に突入、石山城の木戸口まで追撃して二千七百余を討ち取るという大勝利となった。

この説明には、いろいろ疑問があるが、ここでは触れない。ただ、信長がせっせと〈勝報〉を創作して京都の公家衆《くげしゅう》らに流したり、雑賀衆の主将鈴木孫一を討ち取ったと称して、偽首《にせくび》をつくって京都でさらしたりしたことについては、はっきりした証拠がある。

結論としては、信長のほうは、本願寺の補給路を遮断するという本来の目的を果たすことはできなかった。その結果、信長は雑賀攻めを考えるようになったものか、この戦いの直後から雑賀衆に対する切り崩し工作を始めている。一方、城方は城方で、せっかく先制パンチを放ちながら、天王寺の敵の拠点を奪うことができなかったばかりか、城に追い込まれてしまい、以後籠城態勢に入らざるをえなくなった。

そうこうするうちに本願寺と同盟している中国の毛利家が石山に輸送船団を送ってくることが明らかになった。対応を迫られた信長は、直属の水軍を持っていなかった。そのため、和泉（大阪府）の真鍋《まなべ》、沼間《ぬま》（沼野）、摂津（兵庫県）の小畑、野口、河内（大阪府）の出と思われる宮崎といった大坂湾周辺の本願寺系でない水軍の衆を駆り集めて、木津河の河口で迎撃する態勢をとることとした。

こうして編成された織田水軍は、「安宅船《あたけ》」と呼ばれる戦闘用の大型船に多くの小舟を添えるという作戦で立ち向かったが、雑賀の水軍の応援を得て木津河口に突入した毛利の船団は、信長方の水軍をほとんど全滅させ、とどこおりなく物資を運び入れてしまった。これが天正四年七月中旬のことである。

信長方の水軍の敗因は、毛利方に「焙烙火矢《ほうろく》」という兵器で船を焼かれたことが大きかったといわれているが、これは火薬を詰めた手投げ弾のようなものだったらしい。しかし、織田方では海戦直前になっても、まだ「大船」を探して購入しようとしていたような状況で、根本的な敗因は、準備不足で船自体が十分揃っていなかったということなのかもしれない。

海上からの封鎖にも失敗した信長は、それではというので、翌天正五年二度にわたって雑賀衆の本拠を攻めたが、損害を出すばかりで、竜頭蛇尾の結末に終ってしまった。再び、海上封鎖に方針転換した信長は、志摩（三重県）の水軍の大将九鬼嘉隆《くきよしたか》を起用し、彼らに命じて七艘の大船をつくらせた。そのうち九鬼が担当した六艘は、「鉄船」つまり鉄貼りの船だったというのが、定説化しているが、その当否は、この後述べる。

よくわからない大海戦

この大船群は、天正六年（一五七八）夏、大坂湾に回航されることとなり、途中、紀淡海峡のあたりで雑賀衆など本願寺系の水軍と戦って、これを撃ち破り、七月中旬から木津河口の封鎖が始まった。この辺までは、諸史料のいうところは、ほぼ一致しているし、本願寺側も木津川の河口を織田の船団が塞いだことを認めている。

この年十一月上旬、再び毛利の補給船団がやってきたが、今度は新鋭の火砲を搭載した鉄船群が大いに威力を発揮して、信長の水軍の圧勝となったというのが定説的にいわれているところである。これ以来、補給の途がとだえた本願寺は、ついに敗北にも等しい講和に応ぜざるをえなくなったというのが、これまた定説のようになっている。

天正六年のこの海戦について、もっとも詳しく書いているのは『信長公記』である。それによると信長の船隊は、敵の船団を十分に引き付けておいて、旗艦とおぼしい船を大鉄砲で打ち崩したところ、残りの船は恐れて近寄ってこなかったので、数百艘ことごとく木津浦へ追い上げてしまったとある。

歴史学者は、例外なくこの話を信用して取り次いでいるが、実は、『信長公記』以外には、この海戦について具体的に記した史料は、ほとんど見当たらない。桶狭間や長篠のところで触れた小瀬甫庵の『信長記』は、『信長公記』に尾ヒレをつけて、いい加減なことを書き並べた俗書だが、信長の船隊と雑賀水軍らとの海戦については多々弁じていながら、肝心の毛利の船団との戦いについては、一言もいっていない。

俗書の俗書たるゆえんは、興味本位に舞文曲筆《ぶぶんきょくひつ》をし、作為や誇張を平気でやるところにあるが、こんな面白い材料を見逃しているのは不思議である。そういえば「当代記」という比較的信憑性の高い史料があるが、これも雑賀水軍などとの海戦についてだけいって、木津河口の〈大海戦〉については、まったく触れるところがない。

信長の船隊を指揮した九鬼家の家譜は、さすがに七月、十一月どちらの海戦についても記している。ただし、雑賀水軍らとの海戦では、敵船三十余艘を乗っ取ったとすこぶる威勢のよいことをいっているのに、木津河口の海戦については、六百余艘の敵船団を迎え撃って、そのうちの五艘を乗っ取ったと、ずいぶんささやかな話になっている。

実は、本願寺・毛利側の史料にも、この海戦に触れたものがあって、もちろん、わが方の勝利だったという言い方をしているが、少々虚勢を張っている気味もあって、素直には受け取れない。天正四年の海戦については、細部はともかく、大筋では、勝った側、負けた側双方の言い分は一致しているが、こちらはよくわからない海戦というほかはない。

そんなことはおかまいなしに、多くの学者は、木津河口の海戦は「鉄船」のもたらした勝利だったと決めつけている。中には、これを勝手に「海の長篠」と名づけて悦に入っている人まである。実証されていない史実と、根拠のない〈思い込み〉とが一緒になって、とんでもない定説を生んだところは、たしかに長篠の合戦譚とよく似ている。

「鉄船」の実態と効果

それでもプロの学者まで口をそろえていっているのだから、「鉄船」には確たる根拠があるのだろうと思いたくなるが、唯一の裏付け史料といえるのは、奈良興福寺の多聞院英俊《たもんいんえいしゅん》の日記だけである。その天正六年七月二十日の条に、信長が本願寺を海上から封鎖するために大船をつくらせたとあり、「鉄ノ船ナリ」とある。

学者やもの書きの皆さんは、これだけを根拠に鉄船鉄船といっているのである。中には、鉄船はこんな外観をしていたと想像図を掲げ、厚さ何ミリくらいの鉄板を使っていたなどと、まことしやかに述べ立てているような人までいる。

これこそ見てきたようなウソというもので、書いている英俊だって、実際に信長の大船を見たわけではない。彼の日記を見れば明らかだが、英俊は現地に行ったわけではなく、誰かから噂を聞いて書きつけただけである。裁判でも、こういうのは伝聞証拠といって、本人が直接見聞した証言にくらべて、低い評価しか与えられないことになっている。

実際にも、伝聞だけにおかしなところがあって、船の大きさを長さ十二、三間、幅が七間だなどと記している。常識的に考えても、こんな寸詰《すんづ》まりのタライのような船であったはずはなく、海事に詳しい研究者などの間では疑問の声がある。

それでは、実地に見た人間の証言はないのかというと、和泉堺でわざわざ見に行った宣教師オルガンチノの報告が残っている。搭載された大砲と長銃について、詳細に述べているところからすると、実際に船に上がってみたのだろうと思われるが、装甲《そうこう》のことについてはまったく触れていない。

『信長公記』の著者太田牛一も、おそらく見たことがあるはずである。『信長公記』の伝本のなかに加賀の前田家に伝わったものがあり、それに大船についての記述があることを藤本正行さんが紹介している。そこでも大砲については、きわめて具体的に記されているが、装甲に関しては一言もいっていない。なお、船の大きさについては、長さが十八間で幅が六間とあって、これは常識的な数値といえる。

船の建造に当たった九鬼家の家譜については、さきに触れたが、こちらも力をこめていっているのは、搭載した火砲の威力のことばかりで、装甲については知らん顔である。

豊臣秀吉が朝鮮出兵に当たり、船に貼るための鉄板を徴発していたことは、たしかな史料にあるし、実際にもそうした船がつくられたことは宣教師ジョアン・ロドゥリーゲスの報告にもある。とすると、こうした発想は早くからあって、さして珍しくもない話だから、特に書かなかったのだろうという解釈も成り立たないではない。

もちろん、装甲なんてなかったか、あったとしても部分的に過ぎなかったので、実見者、関係者は誰も触れなかったのだということも十分考えられる。どの解釈をとったとしても、鉄船は、天才信長の一大発明だったということにはならなくなる。

英俊は、鉄砲で貫通されないために鉄船をつくったようにいっているが、通常の鉄砲を防ぐためだったら、鉄板まで貼る必要はない。また、前回やられた「焙烙火矢」を防ぎたいなら、鉄板を側面に貼ってみても無駄で、船の上部一帯に貼りつめなければならないが、そんなことをしたら重心が高くなって、たまったものではあるまい。実は、秀吉の「鉄船」は水面から上をすべて鉄板で覆っていたそうだが、重量に耐えかねたのか、何隻かが裂けて沈没してしまったとロドゥリーゲスは記している。

それでは大砲についてはどうだろうか。オルガンチノ、太田牛一、九鬼家の人間が口をそろえていっているのだから、新鋭の大砲が搭載されていたこと、それなりに威力を発揮したことは、事実であったと考えてよい。

ただ、この当時の大砲というのは、〈先進地域〉のヨーロッパでも、あまり当てにならない存在であった。もともと技術的に精度の良いものがつくれなかったうえに、海戦で揺れる船上で使う場合には、命中率なんてとても期待できなかったからである。また、弾丸自体が破裂する榴弾《りゅうだん》もまだ発明されていなかったから、幸いに喫水線《きっすいせん》の辺りにでも命中すればともかく、当たったところで、簡単に船を沈められるという話でもなかった。

信長の大船群の効果は、そうした直接的なものというより、大きな船体の威圧感と当時としては巨大な大砲の轟音による心理的なもののほうが、ずっと大きかったであろう。

石山合戦を終らせたのは「鉄船」か？

というわけで、信長がつくらせた船が定説のいうような「鉄船」だったかどうかは怪しいが、新鋭船団の投入によって、海上の補給路を閉ざされた本願寺は、手をあげざるをえなくなったのだという、もう一つの定説のほうはどうだろうか。

船団を実見したオルガンチノは、これで「大坂の市」は滅亡するだろうといい、船団出現の噂を聞いて、すでに多数の人間が逃亡を始めたともいっている。実際、本願寺側は大恐慌を来たしていて、あの敵船をなんとかしない限り、本願寺の陥落は必至であると騒ぎ立てている。

それでは、本当に事態は、その方向で動いていったのだろうか。

石山本願寺が開城したのは、天正八年（一五八〇）のことで、四月にまず法主《ほっす》の顕如《けんにょ》が退去し、徹底抗戦を唱えた息子の教如も八月初めに退城して、やっと一件落着となっている。天正六年十一月の海戦から一年九ヶ月後のことになるが、この海戦に破れた結果、本願寺は補給の途がなくなったという定説的な見方にしたがえば、天正四年（一五七六）七月に毛利の船団がやってきて以来正味四年余り、まとまった補給なしにやっていたことになる。

石山にいた人間の確定的な数はつかめないが、何千あるいは万をもって数えるほどに達したであろうことは、想像に難くない。とすれば、年間に費消される食糧だけでも膨大な量にのぼるが、四年余りも補給が途絶《とだ》えてしまったら、どうなるだろうか。さぞかし、悲惨な情景が現出したはずだが、そうしたことを物語る史料はまったくない。

逆に、天正八年の開城の時点においても、米、塩、味噌などの食料や資材が豊富にあったという〈証言〉ならある。それをいったのは、「鉄船」について記した、あの奈良多聞院の英俊和尚である。彼は、これらが焼失したのは、「国家ノ費《ついえ》」だともいっている。

同じ英俊が同じ日記に記したことであるにもかかわらず、鉄船の件は学者・研究者に無条件で容認されているが、こちらの記事については、私の知る限り、誰も取り上げたことがない。どちらの記事も、伝聞であることは間違いないので、証拠としての価値の高低はまったくないはずである。自分たちの主張に都合の良いものだけを拾って、都合の悪いものは切り捨てているのだとしたら、ダブルスタンダード（二重基準）もいいところである。

この船団がやってきたとき、これでこちらは滅亡だと騒ぎ立てていた本願寺の連中も、その後はすっかり静かになってしまった。法主の顕如も、自身が退城した後、各地の門徒に出した書状のなかで、あのままでいったら兵糧や玉薬《たまぐすり》がだんだん窮屈になっただろうとはいっているが、すでに枯渇したなどとはいっていない。それどころか、天正八年一杯だったら、なんとか持ちこたえられたとも明言している。

彼は、天正六年十一月の海戦の一月前に紀州の門徒らに出した書状で、長年の籠城で兵糧などが窮迫していると泣き言を並べていたのだから、どちらの書状もウソではないとしたら、定説では補給が途絶えていたはずの間に、逆に余裕が生まれていたことになる。

顕如がハッタリをかけたのではないかという疑いがあるかもしれないが、天正六年の書状についてはそういえても、開城後の書状については、それはありえない。彼は息子の教如を筆頭とする抗戦派の強い反対を押し切って、信長との講和に応じたのだから、自分の判断の正しさを訴えなければならない立場にあった。だから、事態を実際よりも悲観的にいうことはあっても、その逆は絶対にありえないのである。

海上封鎖が始まった後の本願寺側の史料を見ていると、雑賀衆や毛利の将士などが頻繁に石山に出入りしていることがわかる。また、兵糧の調達を依頼したり、搬入に感謝したりしている書状も何通か残されている。封鎖は、完全には機能していなかったのである。

信長のやったこと

信長の新鋭船団が本願寺の息の根をとめたという定説は、このように成り立ち難いものだが、実は、そうした説がどこから出てきたのかはよくわからない。戦前の海軍史家でそれらしいことをいった人がいたから、そのあたりが原点かもしれないが、普及・定着したのは、戦後の歴史ブームのせいだったのではないかと思われる。

それでは本願寺は、なぜ実質敗北にも等しいといえる講和を受け入れざるをえなかったのだろうか。一言でいえば、直ちに負けることはないものの、これ以上がんばってみても、勝てる見込みはほとんどないところまで追い込まれたからである。

そこまで本願寺を追い詰めたのは、やはり信長の手腕というものである。といっても、多くの人が信じているところとは違って、戦術的な才能を発揮した結果ではない。信長は、どちらかというと戦術的な面では、あまり成績の良い人ではなかった。

この石山合戦についても、再三大人数で攻め立てながら、塀《へい》の一間《いっけん》も破れなかったではないかと世人には酷評されている。手をあげた本願寺側の最高幹部の一人下間仲之《しもつまなかゆき》という男も、石山城は堀一重《ほりひとえ》の粗末な構えだったが、戦闘で味方の負けたことは、ただの一度もなかったと威張っている。実際にも、それに近いものがあり、切り札ともいうべき海上封鎖も不発に終ったのだとしたら、戦術レベルでは信長の負けといってもよい。

それにもかかわらず、彼が勝てたのは、戦術で駄目だった分を戦略・政略で完全にカバーしたからである。戦略的には、本願寺と同盟する勢力、これを支援する勢力を巧みに潰したり、押さえ込んだり、寝返らせたりした。なかには雑賀衆攻撃のように失敗した例もあるが、多くは成功して、本願寺はだんだん孤立の方向に向かわざるをえなかった。

退城後、補給にはさしあたり問題はなかったといった顕如も、同じ書状のなかで備前（岡山県）の宇喜多《うきた》家の離反が響いて、最大の同盟者である毛利家の軍事行動が思うにまかせなくなってきたことを、開城を決意した大きな要因に挙げているくらいである。

信長は、こうしてじわじわと本願寺を追い詰める一方で、天皇をかつぎ出して勅命《ちょくめい》による講和を持ちかけるという高度の政略を施した。諸勢力の抗争の外にあって超然たる態度を取っていた天皇家を使ったとは、あっと驚く〈奇策〉というべきだが、それで本願寺の面目も立ち、石山合戦終結にこぎつけたのだから、なにもいうことはない。

世の中には、なにがなんでも信長を偉いものにしておきたい〈信長主義者〉とでもいうべき人たちがいる。そのため、やれ〈三千挺の鉄砲の三段撃ち〉だの、やれ〈鉄船〉だのと、いい加減な話で彼の戦術的天才ぶりをアピールしたがるのだが、これは贔屓《ひいき》の引き倒しの類といえる。信長の戦術的才能など知れたものだが、政略・戦略の才能は、大変なものだったのだから、そちらを評価してあげなくては気の毒というものである。

第八章　〈無いものねだり〉と〈揚げ足取り〉

——明智光秀と山崎の戦い

当然の帰結——山崎の戦い

天正十年（一五八二）六月二日の朝、京都市内に泊まっていた織田信長は、家臣明智光秀の反乱によって殺された。これがいわゆる「本能寺の変」である。

六月十三日、光秀は備中（岡山県）から引き返してきた同僚の羽柴秀吉の軍勢と山城山崎《やまさき》（京都府乙訓郡大山崎町）付近で戦って敗北した。これが「山崎の戦い」で、光秀は翌十四日敗走中に殺された。よく明智の「三日天下」といわれるが、反乱から十二日目のことであった。

この山崎の戦いも超有名な合戦の一つで、昔からいろいろなことが語られている。たとえば、要衝の天王山を両軍が奪い合って、それが勝敗の分かれ目となったとか、淀川対岸の洞ヶ峠《ほらがとうげ》に陣取って形勢を観望していた筒井順慶の軍勢が、にわかに明智勢の背後を襲ったために光秀方の敗北となったとかいう類のお話がそれである。

だが、天王山争奪の話は、著しく誇張されたものであるし、洞ヶ峠の件はまったくの虚構である。それらの点は、皆さんのなかにもご存じの方も多いだろう。現実の山崎の戦いには、そんなおもしろい話題はなにもなく、初めから勝ちそうだったほうが勝ったというまでのことにすぎなかった。

両軍の兵力については、いろいろ書いたものはあるが確定的な史料はない。『本能寺の変・山

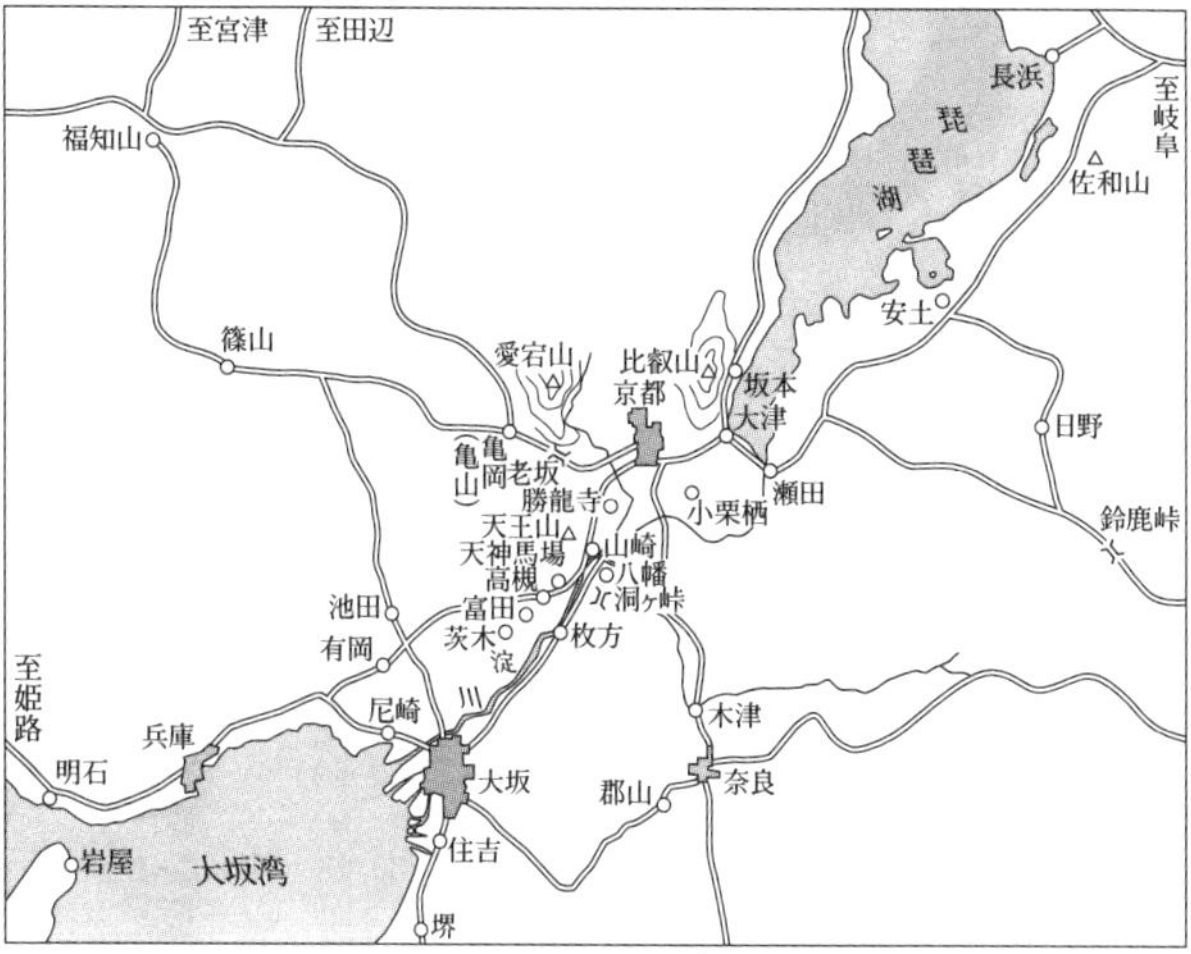

山崎の戦い要図（『大日本戦史』第3巻［昭和17年・三教書院］の高柳光寿「本能寺の変・山崎の戦」を参考）

崎の戦』を書いた歴史学者の高柳光寿さんは、三対一くらいだったろうと見ておられる。もちろん、秀吉方が三で光秀方が一である。

両軍ともに、もともと織田家に属していた連中なのだから、編制や装備にまったく違いはない。同種同質の軍隊が真正面からぶつかれば、兵力が多いほうが有利であるに決まっている。秀吉は光秀より指揮官としてすぐれていた、とかなんとかいいたがる人も昔からいるようだが、そんなことはほとんど関係がない。もし、光秀のほうが三倍の兵力を持っていたら、ほぼ間違いなく彼が勝っていただろう。

というわけで山崎の戦いそのものに

ついては、今さら論じてみても始まらない。問題は、光秀はなぜそんな不利な戦いをしなければならなかったのかというところにある。つまり、そこへ行くまでを考えてみなければならないのだが、実は、この点についても古くからいろんな人が論じていて、一種の〈公論〉のようなものもできている。

それによれば、光秀の本能寺の変後の対応は、ことごとく誤っていたことになるし、さらに極論すれば、反乱など起したこと自体が間違いの元だったということになる。だが、これは結果を知っているからいえることであって、本当の批判とはいえない。

徳富蘇峰《とくとみそほう》翁は、『近世日本国民史』のなかで、結果を見てから議論を立てれば、とかく成功者はえらく見えるし、失敗者はつまらなく見えるが、それでは公平な史眼とはいえない、幸運とか不運とかの要素を取り除いて、その人の実際の価値を鑑別しなければならないといっている。まことにそのとおりだが、当の蘇峰翁自身が光秀の行動については、〈無いものねだり〉や〈揚げ足取り〉のようなことをやっているのだから世話はない。

本能寺の変は、なぜ起きたのか

光秀の反乱については、昔からいろいろな解釈があった。といっても、多くは光秀の動機に関わるもので、大きく分ければ、光秀は信長に怨みがあったのだという「怨恨説」か、彼は天下を望んだのだという「野望説」のどちらかでくれるものであった。

もっとも、いずれの説にも確たる根拠があったわけではない。たとえば、「怨恨説」の元になった話というのは、酒を飲まなかった信長を酒乱男に仕立てるといった類のいい加減なものばかりである。対する「野望説」のほうは、「怨恨説」が成り立たないから、消去法的に出てきたようなものである。今川義元と桶狭間の箇所でいったように、戦国武将なら誰でも天下を望んだはずだと断定できるものではない。

本能寺襲撃に先立って、光秀の重臣は、兵士たちに今日からわれわれの殿様が「天下様」になられると告げたといわれる。それにもかかわらず、兵士たちのなかには、自分たちは信長の命令で徳川家康を討ちにゆくのだと信じていた者がかなりいた。そのことは、兵士の一人の覚書にもあるし、宣教師ルイス・フロイスの記したものにもある。光秀の天下取りという話には、部下の間でもピンとこないところがあったということである。

これまでは、そんな具合だったが、近年になって状況が変わってきた。動機についても、怨恨・野望両説どちらの枠にも入らないような説が次々に出てきたし、それらに関連して、あれは光秀の〈単独犯行〉だったといえるのか、共犯者がいたのではないかとか、主犯は別にいたのではないかとかいった新解釈が続々生まれている。

こういうことになったのは、昭和四十二年（一九六七）に作家の八切止夫《やぎりとめお》さんが『信長殺し、光秀ではない』（講談社）を出して、光秀非犯人説を唱えて以来のことであろう。こうした新解釈を細かく分けてゆくと、五十通りくらいになるという話がかなり前にあったが、今ではもっと増えているかもしれない。

そんなにたくさんの説が乱立しているのは、どの説にも、それぞれ弱点があるからである。決定的な新史料でも出てくれれば別だが、光秀一個の思い立ちによるものだったととらえておいても、さしあたり、この事件を理解するのに不都合はないはずである。その場合、それなら光秀が思い立った動機はなにかということが、また問題になるが、これは本人に聞いてみない限り、なんとも答えようがない。

明智光秀とは、どういう存在だったのだろうか

光秀の行動がわかりにくくなるのは、一つには、後世のわれわれが彼の人物像を的確にとらえていないからなのかもしれない。

光秀については、昔から謀反人として非難する人が多いのは当然だが、弁護する人もいないではないし、先入観を捨てて客観的に見ようという人も出てくる。だが、彼の人柄や性格についての見方には、ほとんど共通のものがある。古典的教養はあるが、どこか線の細い頼りない人物であり、几帳面ではあるが融通はきかず、放胆かつ柔軟な革新家で合理主義者だった信長

とは、正反対のタイプだったと見たがるのである。軍人としても、初めから秀吉に対抗できるようなタマではなかったというのが〈公論〉のようなものである。

これでは検事も判事も弁護人も、被告人の人物に関しては、同じ見解を持っているようなものである。違いといえば、そういう人間だから謀反を起して「主殺し」に走ったと取るか、そうせざるをえない気の毒な立場に追い込まれたと取るかということである。

これに対して、まったく異なる光秀像が提示された例がないでもない。ルイス・フロイスは、その著『日本史』のなかで、「(光秀は) 裏切りや密会を好み、刑を科するに残酷で、独裁的でもあったが、己れを偽装するのに抜け目がなく、戦争においては謀略を得意とし、忍耐力に富み、計略と策謀の達人であった。また、築城のことに造詣《ぞうけい》が深く、優れた建築手腕の持ち主で、選り抜かれた戦いに熟練の士を使いこなしていた」と記している。

後年になって、光秀の末路も承知したうえで、悪意をこめて批評しているから、こういう見方になるのだが、ここでいわれていることを裏返して見れば、後世の歴史家などがいうところとは違って、光秀もけっこう大した奴だったと思わざるをえなくなる。一筋縄ではいかない、したたかで有能な戦国人らしい戦国人であり、これなら秀吉はもちろん、信長相手であっても、優に拮抗《きっこう》できるほどの存在だったといえる。

実は、信長自身が光秀を非常に高く買っていて、本能寺の変の二年前に出した書状のなかで、家中の武功のある者の筆頭に光秀の名前を挙げている。また、江戸時代にできた史料ではあるが、光秀が武功に長けていることは、その時代に肩を並べる者がなかったほどで、それにくらべたら秀吉の「武者づかい」などあさましいものと見られていたと記したものがある。だから世間では秀吉がどう思おうと光秀に匹敵するはずもないと考えていたというのだが、信長の言葉を裏付けているようなところがある。

というわけで、フロイスのいうところが大筋で当たっているのではないかと思われるのだが、そのフロイスは、光秀謀反の原因については、同じ本のなかで、「過度の利欲と野心が募りに募り」天下の主になることを望むまでになったと「野望説」で説明している。

初めて学問的な見地に立った光秀の伝記を書いた高柳光寿さんは、「野望説」の主唱者だった。その高柳さんにいわせると、光秀が保守的な人物だったから、革新的・合理的な信長とソリが合わなくなったというような解釈は誤りであるという。光秀もまた合理主義的な人間だったから、信長とはウマが合い、重用されたのだというのである。たしかに、光秀が合理的な人物だったことを示す逸話は、いくらも伝わっている。

歴史家の〈揚げ足取り〉と〈無いものねだり〉

光秀の動機がなんであったかはともかく、本能寺の変後の彼は、「天下取り」の方向で動いていることは間違いない。後世の史家のなかには、徳富蘇峰翁などを筆頭に、光秀は打つべき手をなにも打たなかったようなことをいいたがる人が多いが、これこそ結果論に立った〈揚げ足取り〉にすぎない。光秀は、わずか十日ほどの間に、やるべきことはちゃんとやっている。それが実らなかったのは、秀吉のすみやかな東上（「中国大返《ちゅうごくおおがえ》し」と呼ばれた）という誰も予測できなかった事態が生じたからにすぎない。

本能寺の変を現代風にたとえてみると、最大与党のワンマン党首が突然消されたようなものであるから、政権内部で跡目争いが起きるのは必至である。名乗りを挙げた者のなかに自らの手で党首を葬った光秀がいるのは当然だが、有力な対抗馬はいくらもいる。たとえば、信長の息子たちがいるし、連立与党の党首徳川家康もいる。光秀の党内での勢力は、単独で政権を維持できるほど大きなものではなく、柴田勝家などのように、彼より党歴も古く、大きな勢力を擁している者もいた。

光秀としてやるべきことは、他の候補をかついでいる者を寝返らせたり、いまだ態度を決めていない者を取り込んだりすることであった。そうした努力はもちろんやっているが、党首を自分の手にかけた光秀が与党内でやれることには限界がある。むしろ、彼としては、野党的勢力に期待したほうがよいということになる。

当時のめぼしい野党的勢力としては、中国の毛利、四国の長宗我部《ちょうそかべ》、関東の北条、越後の上杉などがあり、ほかに紀州の雑賀衆《さいかしゅう》、根来衆《ねごろしゅう》なども数えることができる。光秀とすれば、これらの野党と連立が組めれば申し分ないが、そこまでいかなくても、野党が野党らしい動きをして、対立候補たちの足を引っ張ってくれれば、それでも大いに意味がある。

光秀は、毛利や上杉にはすぐに連絡を取っているし、紀州勢力とは、山崎の戦いの前日に提携している。史料が残っていないというだけで、それ以外の野党的勢力にも働きかけたであろうことは想像に難くない。それ以上のことを望むのは、無理というものである。

結果論者のなかには、光秀の準備不足を批判する人も少なくない。たとえば、事前に前将軍足利義昭と連絡を取って、その命令で動いた形にすべきだったとか、反信長派の諸侯とあらかじめ連絡を取ったうえで立ち上がるべきだったという類の議論がある。だが、謀反そのものが咄嗟《とっさ》の思いつきだったと見るべきだし、そうでなくても準備に時間をかけていたら、せっかくの機会を逃してしまう。〈無いものねだり〉というほかはない。

光秀の〈愚作愚演〉といえるか

この種の議論の極めつけとしては、あの時点で光秀がことを起しても、同僚たちにたちまち攻め滅ぼされることは必定だったのではないかというものがある。光秀の謀反は〈愚作愚演〉だったといいたいのだろうが、結果論でいっても、すみやかに引き返して光秀と対決できたのは、秀吉だけであって、他の諸将はなにもできなかったではないか。

信長の息子のうち、長男の信忠は父親と同じ日に京都で殺され、伊勢（三重県）にいた次男の信雄《のぶかつ》はなにもできなかった。本領の伊勢・伊賀では光秀の勧誘に応ずる者も多かったようだから、秀吉の東上がなかったら、自分が潰されていただろう。重臣の丹羽長秀とともに四国攻めの準備をしていた三男の信孝にしても同様で、信長の死によって部下たちに離反されてしまう状況では、秀吉がやってこなかったら、みじめなことになっていたはずである。

重臣筆頭の柴田勝家は、北陸で上杉景勝と対戦中だったが、上杉勢の追撃が恐ろしくて、容易に引き返せなかった。やっと腰を上げたものの、大きな兵力を動かせなかったようだから、上洛しても〈返り討ち〉にあったかもしれない。関東を統括するという立場で上野《こうづけ》（群馬県）にいた滝川一益などは、逃げ帰るのが精一杯で、その後没落の一途をたどったし、甲斐（山梨県）にいた川尻秀隆に至っては、一揆に殺されてしまう有様だった。

信長の同盟者だった家康は、和泉（大阪府）堺で変報を聞いて、やっとの思いで三河へ逃げ帰った。秀吉が戻れなかったら、家康が光秀を討ち取っただろうというのが、〈家康信者〉の常《じょう》套句《とうく》だが、本当にそうなったかどうかはわからない。光秀は、まず近江（滋賀県）、美濃（岐阜県）を押さえ、伊賀・伊勢方面にも手を打つなど、東方を優先的に固めていたから、どちらが大きな兵力を集められるか、双方、時間との競争のようなところがあった。

このように見れば、光秀の反乱は、決して先の見込みのない無謀なものではなかったし、本人も必要な手は着々と打っていたことがわかる。彼にもう少し時間があれば、後回しにしていた畿内方面を固めることも、十分可能だったと考えるべきである。

光秀のスケジュールを完全にくるわせたのは、いうまでもなく秀吉の東上であった。秀吉は、このとき毛利家の属城備中高松（岡山県岡山市）を水攻めにしていて、毛利の援軍と対峙中だったが、急遽、毛利家と講和して引き返してきたのである。これだけでも、光秀ならずとも、誰にも予想できないことだったが、信長の死を知った毛利勢が追撃の気配すら見せなかったことも、当時の〈常識〉からすれば、信じ難いことであった。

秀吉の東上は、単に秀吉の率いる部隊が戻ってきただけのことではなかった。織田信孝・丹羽長秀らは、これで息を吹き返したし、丹後の細川藤孝、大和の筒井順慶、摂津の池田・高山・中川など、事実上〈日和見〉をしていたような諸将がどっと秀吉側に流れた。

高柳光寿さんもいっているように、これらの諸将は、秀吉の東上が遅れていたら、まず間違いなく光秀側に加わっていただろう。筒井家などは、すでにその方向で動き始めていたくらいである。そうした形勢が予想外の秀吉の東上で一変した。こうなっては、山崎の戦いなどは、まったくのオマケのようなものになってしまったのも当然であろう。

この点については、光秀はいったん撤退して態勢をととのえるべきではなかったかという議論が昔からある。たしかに後退して、たとえば安土城などに拠ることは可能であったろうが、外部からの応援が期待できない限り、その先どうなるものでもない。毛利は論外としても、越後の上杉にしろ、四国の長宗我部や紀州の諸勢力にしろ、直ちに光秀に合流できるような状況にはなかったし、背後から秀吉を切り崩すといっても即効性は期待できなかった。

それに光秀の場合、本人の意思がどうあったかはともかく、都を押さえて〈天下人〉となっていたからこそ、人を集められる期待もあったのだから、京都を捨ててしまったら、自身の存在意義そのものがなくなってしまう。

〈運に負けた〉光秀

信長の死を知った秀吉は、その事実を隠したまま、対峙している毛利側と講和を結び、話がまとまると即座に引き返した。といっても、これは秀吉のほうから突然持ちかけたということではなく、それ以前に毛利のほうから申し入れがあったものらしい。

戦況は、明らかに毛利側に不利だったのだから、そうあっても不思議はないが、彼らとしては、有利な立場にある秀吉が、なぜにわかに講和に熱心になったのかを疑ってみるべきだった。毛利方には、落城寸前の高松城を救う手だてがないうえに、秀吉側には、新たに増援部隊も加わろうとしている。そんなときに、講和講和と言い出すからには、なにか裏があると勘ぐってみるのが当時の〈常識〉というものであろう。

秀吉は、毛利の代理人である安国寺恵瓊《あんこくじえけい》を呼んで、脅したりすかしたりして講和締結にこぎつけたといわれる。恵瓊は策士・外交家として知られた男だったが、彼を含めて毛利の人たちは、戦国人としては、ずいぶん脇が甘かったといわざるをえない。

毛利家が信長の死んだことを知らなかったのは、光秀の密使が誤って秀吉の陣営にまぎれ込んでしまったからだというが、そのことといい、毛利側がかくも簡単に秀吉にだまされてしまったことといい、光秀の運の悪さというほかはない。

間もなく、毛利側の人々も信長の死を知り、自分たちが秀吉のペテンにかかったことも知ったが、あえて秀吉を追撃しようとはしなかった。一般に感情の激しかったこの時代の人々が、こんな屈辱的な事態に耐えたのは〈奇跡〉のようなものである。

いや現実には、当主毛利輝元の叔父吉川《きっかわ》元春を初め、追撃を主張した者もいたのだが、もう一人の叔父小早川隆景が制止したのだといわれている。隆景の判断を擁護する人は、いろいろ理屈を並べているが、こういう場合には、相手の欺瞞行為を責めて、せめて追撃のかまえくらいは見せるのが、これまた当時の〈常識〉であり、武門の心意気というものだろう。秀吉は、天下を取った後、隆景を優遇し、元春には冷たかったといわれるが、彼だって内心はヒヤヒヤものだったに違いないのである。

一般的に歴史家・歴史学者には、ツキや僥倖《ぎょうこう》で歴史を語りたがらない傾向があり、無理にでも、合理的、論理的な説明をつけようとする。だから、この場合も、秀吉の巧妙さ、果断さ、敏捷さばかりが賞賛されることになる。だが、裏から見れば、秀吉には信じ難いほどのツキがあり、光秀には信じ難いほど、それがなかったというに尽きる。

第九章　もう一つの「天下分け目」

——前田利家と賤ヶ岳の戦い

利家の出た家

前田利家は、加賀藩（石川県）の藩祖である。この藩は、俗に「百万石」といわれているが、正確には百二万五千石であった。将軍家の一族である御三家、御家門を含めてもこれほどの大藩はほかにないが、江戸初期にはもっと大きくて、およそ百二十万石ほどあった。それが寛永十六年（一六三九）に十万石の富山藩と七万石の大聖寺《だいしょうじ》藩という二つの支藩をこしらえた関係で、少し縮んでしまったのである。

ご存じであろうが、加賀藩の百二万五千石というのは、藩が年貢として収納する米の量をいっているわけではなく、玄米に換算して、それだけの収穫量のある土地を支配しているという意味である。年貢となるのは、そのうちの何割かである。さらに厳密なことをいうと、それは「表高《おもてだか》」といわれる表向きの査定額のようなもので、実際の収穫量である「内高《うちだか》」とは違う。加賀藩の場合、内高は百三十万石くらいあったといわれている。

加賀藩がこんなに大きくなったのは、利家の息子利長のときであって、利家の代には、一族の分すべて合わせても八十万石に満たなかった。といっても、利家の出発点を考えれば、それだけの身代となり、官位も従二位権大納言《じゅにいごんだいなごん》にまでのぼったのは、大変な大出世といわなければなるまい。

利家の出た家は、尾張荒子《あらこ》（名古屋市中川区）の小領主だった。秀吉などにくらべれば、かなりマシだが、出自を誇れるというほどの家柄でもない。後世つくった系図では、「天神さま」こと菅原道真の末裔ということになっているが、たまたま前田家で梅鉢の紋所を使っていたので、そこから思いついてこじつけたまでではないかといわれる。

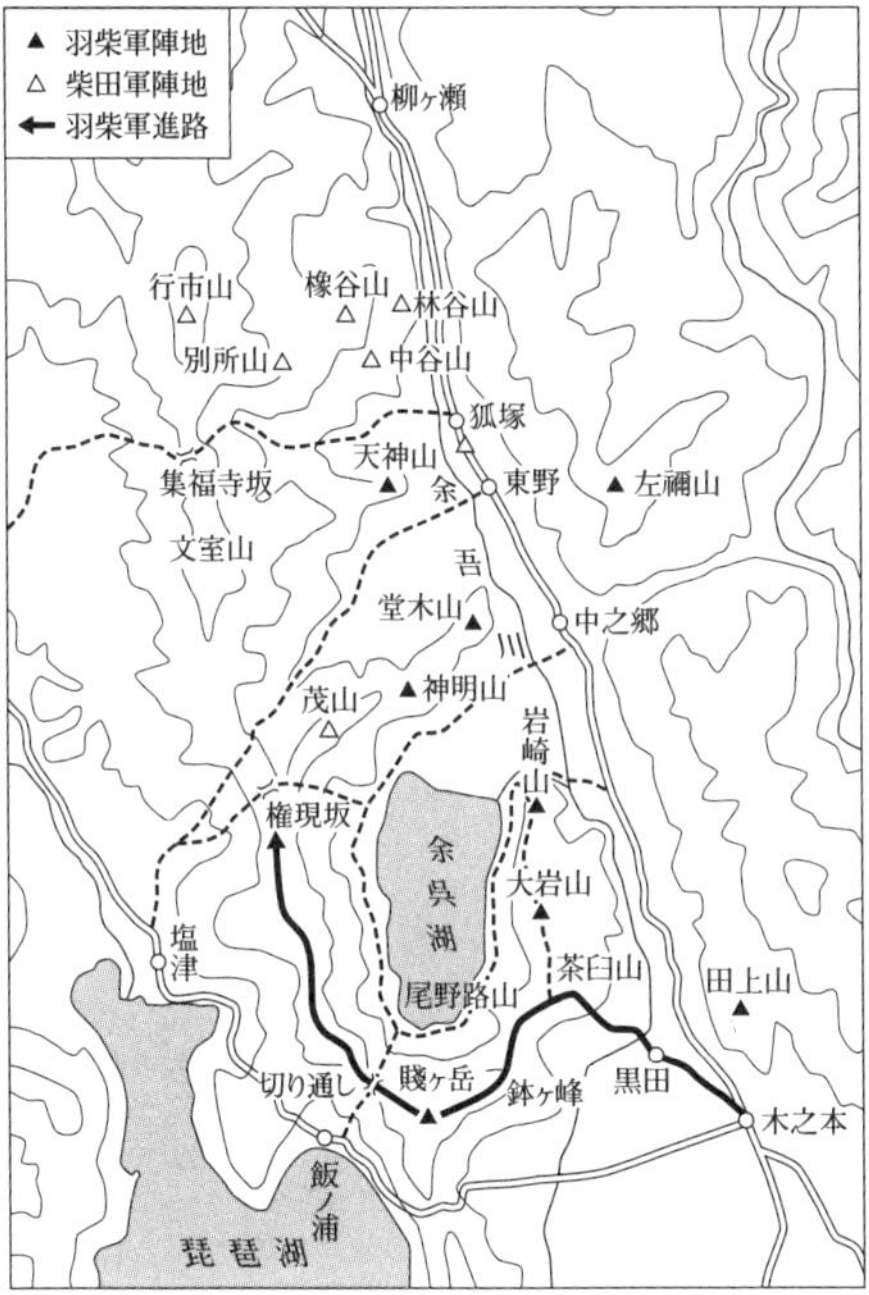

賤ヶ岳の戦い要図（『戦国合戦絵屛風集成』第２巻［昭和63年・中央公論社］を参考）

利家の四男で三代目藩主となった利常が江戸の城中で、お宅はどういう御家系ですかと尋ねられたことがある。質問したのが誰かはわからないが、前田家の出自が怪しいことを承知のうえでからかったのである。利常は、又左衛門（利家）が小身から成り上がったことはご承知のとおりで、先祖のことなどさっぱりわかりません、学者の林道春《どうしゅん》に頼んであるので、そのうち適当に書いてくれるでしょうと、涼しい顔で答えたという。

利家は、どうやって百万石の藩祖となれたのか

出た家がその程度だったうえに、利家は四男坊だったので、ふつうなら家を継ぐこともありえなかったのだが、三十代に入ってから、兄に代わって家督を継げという信長の指示があったため、そういうことになったのである。

利家が信長に仕えるようになったのは、天文二十年（一五五一）、十四歳のときだったという。利家の生年については諸説あるので、年齢のほうは確定的にいえないが、信長もまだ十代のうちだったことはたしかである。信長自身が、いまだ海のものとも山のものともわからない時分からの古い家臣だったのである。

利家は、翌天文二十一年に初陣し、その後もたびたび戦闘に加わって戦功があったが、信長の不興を買って一時浪人したこともある。桶狭間の戦いに自主参加して首を三つ取ったが勘気はとけず、翌年の美濃攻めで名のある者を討ち取って、やっと帰参を許された。

その後も多くの合戦に出て活躍したが、元亀元年（一五七〇）九月の本願寺挙兵の際には、味方の崩壊をくい止めたというので、信長が「日本一」と声をかけたとも「日本無双の槍」という感状を与えたともいう。つまり日本一の勇士ということだが、姉川の戦いのところでいったように、この年六月には、信長は遠州高天神衆《たかてんじんしゅう》の渡辺金大夫を「天下第一の槍」と持ち上げている。「日本一」の乱発というものである。

それはそれとして、たしかに利家の武功は相当のものだったのだろうが、それらはいずれも、当時の言葉でいう「一騎駆《いっきが》けの武者」としてのものであった。指揮官としての働きを評価されるような話は、あまり見当たらないのである。

そのせいか利家は、信長の生きているうちに能登一国の領主にまでなるにはなったが、格の点からいうと、家中では後発組だった羽柴秀吉、明智光秀らに明らかに追い抜かれていた。秀吉や光秀のほうが指揮能力、政治的能力などを高く買われていたのである。

秀吉や光秀がとっくに方面軍司令官といった地位に就いていたのに対し、利家は、信長の死んだ時点では、柴田勝家率いる北陸方面軍の一部将であった。もちろん、勝家の部下ということではないが、その指揮下にあったには違いない。その利家の運が一挙に開けたのは、勝家と秀吉が対決した賤ヶ岳《しずがたけ》の戦いのお陰だった。

〈天下分け目〉は関ヶ原だけではない

結果論でものを見る人たちは、山崎の戦いで秀吉の天下が決まってしまったようなことをいいたがる。そういう見方にしたがえば、賤ヶ岳の戦いなどは、秀吉出世物語のほんの一こまにすぎないが、実際には〈天下分け目〉の戦いというべきものであった。

さきに明智光秀のところで、当時の状況を現代風に見ればという話をした。同じたとえでいくと、この賤ヶ岳の戦いの時点では、政権内部では、信長の長子信忠の遺児を〈旗印〉とする秀吉と、信長の三男信孝をかつぐ勝家二人の対決という構図がかなりはっきりしていたといえる。それぞれを支持する顔ぶれもほぼ固まりつつあったが、丹羽長秀のように中立を標榜《ひょうぼう》する派閥の長もいたし、一方に属するような顔をしながら、ひそかに二股かけているような連中もいたから、かなり流動的な部分はあった。

政権外では、かつて信長の与党だった家康がいっそう大きな勢力となっていたし、毛利、長宗我部《ちょうそかべ》、北条、上杉、紀州の諸勢力など野党勢力も健在であった。これらをどう取り込んでいくかが秀吉、勝家にとって死活の問題といえた。

後世の通説的見方では、政権内においても、政権外に対しても、秀吉のほうがずっと有利にことを運んでいたかのようにいわれている。そういう話を聞いていると、勝家側には、最初から勝ち目はなかったかのように受け取れないでもない。だが、現実には、勝家だって漫然と手をこまぬいていたわけではない。勝家側は、どうやら毛利の居候をしていた前将軍足利義昭を手品のタネのようにして、有利な形勢をつくろうとしていたらしいが、もし彼らの目論見が成功していれば、戦略的にかなり優位に立てたはずである。

義昭・勝家サイドの対応で特に注目されるのは、彼らが中国の毛利、四国の長宗我部、紀州の雑賀衆《さいかしゅう》・根来衆《ねごろしゅう》らとの大連合を画策していたことである。これが実現していたら、当時の流通の大動脈である瀬戸内海は、彼らの〈湖水〉と化する。優勢な水軍力を駆使すれば、大坂湾を封鎖することも不可能ではなくなるが、そうなれば武器・弾薬の材料を含む海外からの輸入品もストップすることになり、秀吉方は大打撃である。

賤ヶ岳の戦いの直前に、毛利家では織田家との講和の後始末のための使者を送った。一応、秀吉のところへ行かせることとはしたものの、秀吉・勝家「双方之強弱」がよくわからないので、出先でよく状況を見て態度を決めるようにとの訓令を、わざわざ紙に書いて持たせている。第三者がそう見たくらいだから、勝家の努力も実りつつあったのである。

賤ヶ岳の戦いは、どのように始まったか

秀吉・勝家の対決が始まったとき、秀吉は山城宝寺《たからでら》（京都府乙訓郡）を本拠とし、勝家は越

前北ノ庄（福井県福井市）を本拠としていた。勝家のかつぐ織田信孝は美濃岐阜（岐阜県岐阜市）、同盟者の滝川一益は伊勢長島（三重県桑名郡）に陣取っていたから、一見したところでは、勝家側が秀吉を三方から圧迫していったようだが、実際は違っていた。

雪の深いところにいる勝家が動けないでいる間に、秀吉のほうでは勝家の養子勝豊の守っていた近江長浜城を奪い取り、さらに岐阜城の織田信孝を包囲した。応援の得られない信孝は、いったん屈服せざるをえなかった。これらは天正十年（一五八二）中のことだが、翌天正十一年になると、秀吉は二月に北伊勢に出兵して滝川一益を攻めた。

勝家の軍は、三月に入ってようやく近江（滋賀県）北部に出てくることができたが、そのあたりにはすでに秀吉方が砦を構えていたので、一挙に近江平野に突入するわけにはいかない。結局、両軍ともに近江伊香《いか》郡の山間部に多くの砦を築いての陣地戦となった。

一ヶ月半近く続いた膠着《こうちゃく》状況が破れたのは、四月二十日払暁に勝家の甥佐久間盛政率いる部隊が秀吉側の陣営に奇襲をかけたからである。奇襲は成功して、秀吉方の大岩山・岩崎山二砦を奪い、賤ヶ岳の砦も脅かす形になった。盛政は、この勝利を利用して、一挙に秀吉方の戦線を突き崩してやろうと考え、勝家に本隊を押し出すよううながした。勝家は、これに反対して、すぐに引き揚げるようにいってやったが、盛政は従わなかった。

この作戦の意味は後で考えるが、そのころ秀吉は、再起した織田信孝を叩くため、美濃に出かけていた。彼は、ただちに引き返すと、翌二十一日の午前二時ごろから自軍の陣営内に居すわっている盛政の部隊に攻撃をかけた。盛政は退却して勝家の本隊に合流しようとしたが、秀吉勢の追撃がきびしかったため壊乱状態となり、それが全軍に波及して勝家方は総崩れとなったというのが、これまでの通説的解釈である。

賤ヶ岳の戦いといえば「七本槍」というのが合言葉のようなものだが、これは盛政の支隊である柴田勝政の部隊を追った秀吉の近侍たちが接戦を演じたことを指している。戦後、秀吉はこれらの者に感状を与えているが、対象となったのは七人ではなく九人であった。だから、実際には「九本槍」と呼ぶべきなのだろうが、過去にも七本槍といわれたような事例があったため、なんとなく「七本槍」で落ち着いてしまったらしい。

その内容も、講談などでやるように、双方、名乗りを挙げて正々堂々渡り合ったという格好のよいお話でもなかった。追っていった秀吉勢が後退する柴田勝政の部隊に銃撃を加え、かなりの負傷者が出た。それを討ち取ろうと追っていったのが「七本槍」の実態である。この時代、武士の功名の代表的なものは、利家の例でもわかるように敵の首を取ることだったが、負傷した相手なら取りやすいから、誰しもそれを狙ったのである。

実は、秀吉が感状を出すに当たって、あれは本当の「槍」といえるのかということが議論になったらしい。「槍」というのは、武器を採って敵と接戦格闘することである。いわゆる「七本槍」の面々の少し後を進んでいた大崎長行が証言を求められ、それに基づいて「槍」と認定されることになったと大崎本人の覚書にある。

「中入り」作戦の謎

佐久間盛政の行った敵中深く侵入して奇襲攻撃をかけることを、当時の言葉で「中入り《なかいり》」といったが、この場合、なぜ行われたかというのが問題である。

結果的に見れば、膠着状態を打破したい秀吉がわざと隙をつくって柴田勢をおびき出したようだし、そう解釈している人もいるかもしれないが、史料のうえからは、そうした事実は認定できない。秀吉が美濃から急速に引き返せたのは、もちろん本人の判断の良さもあるが、すぐ戻れるような所にいたのは、河川の増水などのため、織田信孝のいる岐阜城まで接近できず、途中にとどまっていたお陰であった。

一方、秀吉に乗せられたわけではないとすれば、盛政の奇襲の意味をどう解釈すべきだろうか。昔から賤ヶ岳の戦いを論じている人のほとんどが、柴田方の敗因は、佐久間盛政が、すぐに引き返せという勝家の命令を聞かずに、そのまま滞陣していたからだといっている。つまり、盛政が阿呆だったから負けたというのだが、それは本当なのだろうか。

勝家は、秀吉が急速に引き返してくると知って、そういったわけではないのだから、それなら盛政の奇襲は、そもそもなにが目的だったのだろうか。軍記の類などを見ると、岐阜の織田信孝から後詰《ごづ》めの要請を受けていたことが、大きく作用していたように受け取れる。信孝が前年に挙兵したときには、勝家は雪に閉じ込められていて救援できなかった。今度また失敗すれば、面子《めんつ》に関わるだけでなく、〈旗印〉を失うことにもなりかねない。

それで勝家は秀吉陣営を切り崩して、養子勝豊の旧臣を裏切らせたりしたうえで、「中入り」の策に出たのだという。たしかに、秀吉を背後から脅かして岐阜から手を離させる必要はあっただろう。だが、敵を攪乱して士気をくじき、味方の士気を高めようというだけのことであれば、ことさらリスクの大きい「中入り」などをやる必要があっただろうか。

やはり勝家には、盛政の奇襲が成功すれば、秀吉方は砦のいくつかを放棄して逃げ出すという期待があったのではないだろうか。そうなれば、一挙に北近江の平野部に進出できるかもしれないし、そこまでいかなくとも、秀吉方から奪った城砦を押さえて前線を進め、さらに敵に圧迫を加えることも可能となる。盛政にしても、通説的にいわれるように、単に戦勝に奢っていたというわけではなく、そういうことを考えていたのではないかと思えるのだが、結局、勝家はいずれの策も採らなかった。

これにはいろいろな解釈が可能である。勝家が慎重にすぎたという見方もあるだろうし、秀吉方は付近に勝家本隊よりも多くの兵力を残していたうえに、勝家の陣営内にはかなりの内通者がいたから動けるものではなかったという高柳光寿さんのような見方もある。

奇麗ごとでは説明できない勝敗の分かれ目

いずれにせよ、佐久間隊の敗北がきっかけで全隊が崩壊し、わずか三日後には、勝家は腹を切るような始末になってしまったのは事実である。だが、史料をよく読んでみると、盛政率いる奇襲部隊は、秀吉勢の攻撃を受けても、そう簡単に追い崩されてしまったわけではないことがわかる。このとき秀吉方に従軍していた渡辺了《さとる》の覚書などを含めて、彼らは整然と撤収していったと書いているものがいくつかある。

だから、そのままいけば佐久間隊は再び本隊と合流して態勢を立て直し、双方対峙しての陣地戦が再開されることになるはずであった。それがなぜそうならなかったのか、その辺を突っ込んだ解釈は長らく行われず、盛政の軽挙妄動《けいきょもうどう》がよくなかったということで片付けられてきた。

それでも疑問を抱く人もいなかったわけではない。大正の中頃、陸軍の参謀将校たちが議論していて、盛政が敵中に深入りしすぎていて、本隊との連絡を欠いたために敗れたというのでは、余りに理由が薄弱すぎるということになった。その一人が当時『刀剣と歴史』という雑誌を主宰していた高瀬羽皐《うこう》翁にどう思うかと質問した。羽皐翁は、勝家方の有力者だった前田利家が、秀吉のひそかな申し入れに基づいて、戦闘中に局外中立の態度をとったことが原因であると明快に答えている。

戦闘中の中立というのは、端的にいえば消極的な裏切りにほかならない。高柳さんは、はっきりそのようにいっている。昔の史料でも、「祖父物語」は利家の「ウラギリ」と記しているし、「当代記」は、丹羽長秀と利家が秀吉方に加わって柴田勢を攻撃したとしている。

利家は、盛政率いる別働隊と勝家の本隊との中間の茂山《しげやま》にいたが、盛政らが引き揚げてくるのを待たずに陣を払って消えてしまった。それが〈裏切り〉の実態であるが、これを後方の勝家本隊から見れば、別働隊が壊滅したように見えたであろう。一方、盛政らからすれば、後方の部隊が崩れたと見えたはずである。いや、実際に崩れたといえる。

平成十四年（二〇〇二）のNHK大河ドラマの主人公は、前田利家であった。それにちなむ展覧会も催されたが、そこでは利家の〈裏切り〉を「利家は直接秀吉方と戦火を交えることはなく、勝家方の敗北を機に越前府中に陣を退き秀吉に帰服し」たと説明していた。

若干の小競り合いはあって戦死者も出ているから、戦火を交えなかったというのは事実に反するが、それ以上にいただけないのは「勝家方の敗北を機に」という箇所である。勝家方が敗れたのを見て前田勢も引き取ったわけではなく、前田勢がさっさと退却してしまったから勝家方の敗北となったのである。本末転倒とは、こういうことである。

利家は、若いころから勝家には世話になっていて、「親父様」と呼んでいるような間柄であった。その一方では、以前から秀吉とも親しく、娘の一人を養女にやっているような仲であった。きわめて苦しい立場にいたことは事実だが、裏切りは裏切りである。

しかも、それは結果的には儲かる話であった。戦後、彼は秀吉から加賀の国の二郡を与えられたが、敗者の側にいて、こんなに厚遇された例はないというのが、高柳光寿さんの説明である。それほど、利家の戦場離脱は価値のあることだったのである。ついでにいうと、利家以外にも金森長近、不破勝光らが戦わずに撤退しているが、彼らも儲かりはしなかったが身上は無事だった。おそらく、あらかじめ秀吉と話がついていたのだろう。

もっとも、こうした裏切りだの内通だのを許すべからざるもののように見るのは、儒教的なものの見方が普及した泰平の世の感覚というものである。戦国大名は、まず例外なしに戦わずして勝つことを考えていたのだから、この当時は日常茶飯の話であった。

したがって、秀吉のやり方がアンフェアだったわけではないことはもちろんである。相手の勝家だって、しきりにこうした工作を仕掛けていたのであり、内通者は秀吉側にも何人もいた。キリシタン大名として有名な高山右近（友祥）なども、父親が勝家のところで世話になっていた関係もあって、かなり怪しいといわれている。

その後の利家

このとき戦場を離脱した利家は、いったん息子の利長の城に入ったが、勝家も敗走の途中で、その城に立ち寄った。彼は、一言も利家の行動を責めず、これまでの交誼を感謝し、これからは秀吉を頼んで身を保つようにせよと言い残して去った。北ノ庄に帰りつくと、利家が入れてあった人質も送り返してよこした。

勝家は、昔も今も大衆的人気の乏しい人だが、こうした行動を見ていると、実に見事な感じである。同時に、利家という人には、なにか他人に恨まれにくい〈人徳〉のようなものが備わっていたのかと思わざるをえない。

実は、秀吉も利家を信頼して、しきりに引き立てた。親族に恵まれなかった秀吉にしてみれば、古いなじみである利家は貴重な存在だったのである。遺言のなかでも、利家は「幼な友達」だといって、後事を託しているくらいだが、これはいささか誇張といえる。

利家は秀吉と同年の生まれとされているが、異説もある。だいたい同年輩と見ておいてよかろうが、生まれた場所も育った環境も違うのだから、幼いころから互いに知っていたというようなことは、まず考えられない。二人が知り合ったのは、おそらく秀吉が信長に仕えた以後のことではないかと思われる。

そうであれば、十代の終りか二十歳前後くらいからの付き合いということになる。といっても、その時分の地位・立場は、利家のほうがずっと上だったのだから、対等の友人関係であったはずはない。おそらく、利家は格下の秀吉に対しても、むやみに威張ったりせず、けっこう気楽に友達付き合いをしてやっていたのだろう。それでボケかけていた秀吉は、彼とは幼なじみだったかのような〈錯覚〉に陥ってしまったのかもしれない。

秀吉死後の利家には、豊臣家の〈後見人〉としての役割を期待する者も多かった。本人もそれに応えようと努めていたが、秀吉の死後、わずか半年余りで死んでしまった。彼にもう少し余命があったら、本人にどこまで意欲があったかは別として、成り行き次第では、秀吉の遺児秀頼を頭にいただく〈前田幕府〉ができていたかもしれない。

結果を知っている後世の人間は、秀吉の後は家康が天下を取ることは、早くから決まっていたかのようにいいたがる。だが、当時の状況では必ずしもそうではなく、利家あるいは毛利輝元が天下人になるのではないかという観測もかなり早くからあったようである。

利家は身代では家康の三分の一くらいしかなかったが、彼の強みは旧織田家の仲間や秀吉子飼いの連中とのつながりが深かったことである。秀吉より先に死んでしまった蒲生《がもう》氏郷《うじさと》なども熱心に利家を推していた一人で、もし秀吉亡き後、利家が天下を取らなかったら、俺が取るとまでいっていた。日本の歴史に「江戸時代」などというものが出現しなかった可能性もかなりの確率であったといわなければなるまい。

第十章　御用史観の舞台裏

——徳川家康と小牧・長久手の戦い

家康神話にまどわされている後世の評価

元和《げんな》元年（一六一五）、豊臣家を潰すことによって、徳川家の天下は確定した。もちろん、徳川幕府はとっくに成立していて、この時点では創業者の家康は、形のうえでは後ろに引っ込み、二代秀忠の代になっている。

家康が征夷大将軍となったのは、慶長八年（一六〇三）のことであるが、その前提としては、三年前に関ヶ原の戦いに勝利したということがある。そのため、一般には関ヶ原こそは、家康の天下取りの実質的な始まりだったと考えられている。

だが、『日本外史』を書いた頼山陽にいわせれば、こうした〈常識〉は正確ではないことになる。「公（家康）の天下を取るは、大坂に在らずして関ヶ原にあり、関ヶ原に在らずして小牧《こまき》にあり」と山陽はぶちあげている。天正十二年（一五八四）、秀吉と争った尾張（愛知県）小牧の戦いこそ、家康天下取りの節目だったという主張である。

いかにも徳川様ベッタリだった山陽らしい駄ボラといえばそれまでだが、これに類する議論は、今日でも連綿と行われている。歴史学者のなかにも、秀吉は、このとき家康に敗れたため、その後の天下取り計画に齟齬《そご》をきたしたとか、ひいては豊臣政権の行方に暗雲を投げかけたとかいう類のことをいっている人が少なからずいる。

江戸時代、家康は東照大権現とあがめられる存在だったので、無理にこじつけてでも彼の〈偉業〉をたたえようという傾向が強かった。こうしてつくられた〈家康神話〉がいまだに生き長らえていて、プロの学者にまで影響を及ぼしているのである。

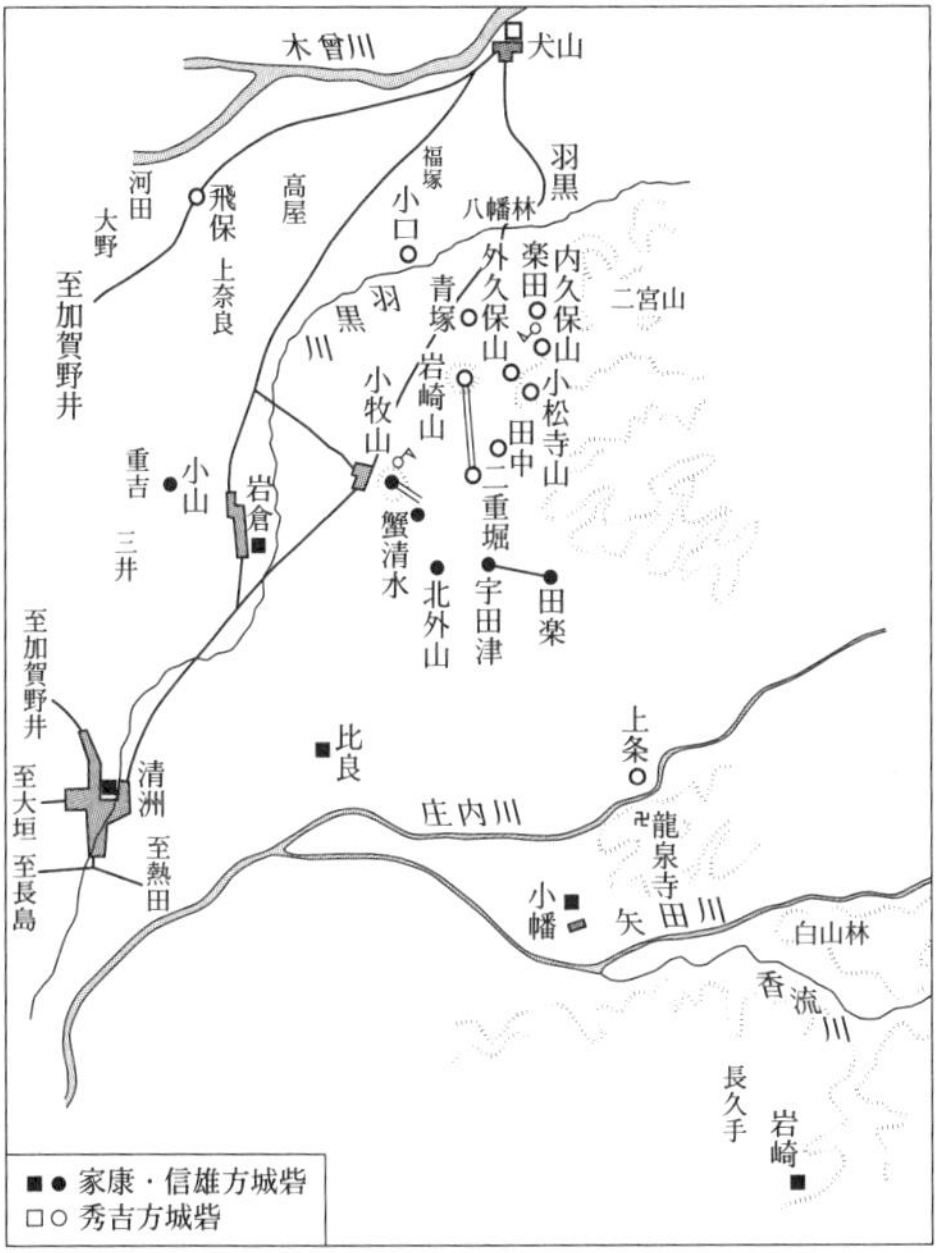

小牧・長久手の戦い要図（陸軍参謀本部『日本古戦史講話集』［昭和5年・偕行社］を参考）

小牧の戦いは、本当に家康の勝ちだったのか、あのとき秀吉は家康を潰すことはできなかったのか、〈徳川様御用達《ごようたし》史観〉と手を切って、改めて考えてみる必要があるだろう。

小牧の役は、なぜ始まったか

秀吉と家康の争いは、信長の次男信雄《のぶかつ》とのからみで始まったものである。秀吉は、信長の三男信孝をかつぐ柴田勝家との対決に当たって、信雄を丸めこんで表面に押し立て、自分の野心の〈隠《かく》れ蓑《みの》〉に使ってきた。勝家滅亡後、信孝を始末したときも、自ら主筋の人間を手にかけるわけにはいかないので、信雄をそそのかしてやらせている。

だが、そうして信孝・勝家一派が消えてしまうと、秀吉の野望は、はた目にも鮮明になってくる。信雄は無能な男だったが、野心だけは持ち合わせていて、いっぱし天下人になるつもりだったらしいから、このまま秀吉に天下を取られたのではたまらない。家康にしても、この段階で積極的に天下を望んでいたかどうかはともかく、秀吉の勢力がどんどん肥大するのを放置していたら、自家の存立すら危うくなってしまう。

というわけで、家康と信雄が接近したとしても不思議ではないが、〈家康神話〉では、そういう見方はなされていない。秀吉が信雄の家老たちを籠絡《ろうらく》しようとしたので、信雄は三人の家老を誅殺して、秀吉に〈宣戦布告〉した。家康は、直接関係がなかったにもかかわらず、先代信長との友誼《ゆうぎ》を重んじて、まったくの義侠心から信雄に味方して、秀吉と一戦交えるに至ったというのである。

つまり、これは秀吉が仕かけた戦争だったということで、一般にはこの解釈がいまだに通用しているが、学者のなかには疑問を呈した人もいる。林屋辰三郎さんは、秀吉が信雄の家老の離間をはかったため、信雄が敵対行動に出たという従来型の見方も、家康が反秀吉の軍を起すために信雄を扇動したという見方も双方成り立つといっている。

高柳光寿さんなどは、家康が信雄をたきつけたのだと主張していた。高柳さんにいわせれば、秀吉にすれば家康が信雄に反抗するような形に持ってゆくほうが都合がよかったはずで、そうされたくない家康が仕組んだ戦争だったというのである。秀吉自身も、常陸の佐竹氏に送った書状に、家康が邪心を抱いて若い信雄をたぶらかしたと記している。

通説どおり、秀吉側から仕かけたのだとすれば、先手必勝でいくのが当然であるが、秀吉の対応は、後手後手にまわっている。味方の勧誘にしろ、予定戦場の要地の確保にしろ、本拠大坂の背後への備えにしろ、彼らしからぬ手まわしの悪さばかりが目立つが、それもこれも仕かけられた戦争だったからではないかという気がする。

この戦いを「小牧の役」と呼ぶのは、家康が小牧山（愛知県小牧市）に本陣を置いたからである。この山は標高八五メートルほどにすぎないが、平野のただ中にある独立丘であるから戦術的な価値はきわめて高い。信長も一時ここを居城としていたくらいだから、秀吉もその値打ちは知っていたはずだが、いち早く押さえようとする計画はなかったようである。これも秀吉側の企図した戦争ではなかった傍証といえるのではなかろうか。

長久手の戦いは、どのように始まったか

副題に「小牧・長久手《ながくて》の戦い」と書いたが、小牧の戦いというのは、天正十二年（一五八四）三月中から十月ごろにまで及ぶ陣地戦の総称である。長久手の戦いは、その間、四月九日に秀吉の別働隊と家康勢との間で行われた一日だけの戦闘である。

家康・信雄勢と秀吉勢の衝突は、まず信雄の分国伊勢（三重県）で始まり、次いで同じく信雄の分国である尾張（愛知県）に舞台を移した。秀吉側に加わった池田恒興《つねおき》（信輝）による犬山城（愛知県犬山市）の奪取やその近辺での局地戦闘などもあったが、次第に陣地戦に移行していった。家康・信雄側は、小牧山を中心にいくつかの砦を構え、秀吉側もこれに対抗して多くの砦を構えて、にらみ合いの形となったのである。

兵力的に優位にあった秀吉側は、膠着《こうちゃく》状態を破るため、賤ヶ岳のところで説明した「中《なか》入《い》り」作戦を計画した。長久手の戦いは、これによって起きたものである。

これを発議したのは池田恒興で、自ら奇襲部隊を率いることを申し出たというのが通説である。また、秀吉は、本心では不賛成だったが、恒興は自らの家臣ではなく、織田家での同僚であり、同盟者のような関係にあったので、むげにしりぞけることができず、不本意ながら承認したというのも、これまた通説である。

しかし、江戸時代のかなり早い時期にできた「川角太閤記《かわすみ》」のように、これは秀吉の発意だったと明記しているものもあるし、ほかにもそれらしいことを記した史料がある。結果的に、「中入り」作戦は失敗に終り、恒興も戦死してしまったので、〈死人に口なし〉ですべてを彼の責任のようにしてしまったのかもしれない。

誰の発意だったにしろ、家康が主力を挙げて出てきているからには、本国三河はがら空きだろうから、そこを衝けば家康も小牧山を捨てて引き取らざるをえまいと読んだというところまでは、諸史料ほぼ共通した説明である。

ともかく、秀吉側では奇襲の準備をした。大将には秀吉の甥三好（羽柴）秀次を宛て、池田恒興父子、恒興の婿森長可《ながよし》、それに信長の旧臣堀秀政というメンバーだった。兵力は、史料によって最低一万六千から最高三万余までということが違うが、一般には二万二千くらいだったろうと見られている。

彼らは、池田—森—堀—三好という隊列で進んだが、郷民からの通報で奇襲部隊の侵入を知った家康側は、まず最後尾の三好隊にくらいついて、これを壊乱させた。三番手の堀隊は、後方の異変に気づいて備えを立てていたので、今度は追ってきた徳川勢が壊乱する場面となった。家康は、本隊を出して堀隊と池田・森隊の間を遮断する作戦に出たので、堀隊は、間もなく戦場を離れ、引き返してきた池田恒興父子と森長可は、結局戦死した。

家康の勝因

長久手の戦いは、家康一代の戦歴のなかでも、珍しいほどの快勝といえる。一般には、家康は大変な戦さ上手だったように考えられているが、これもまた〈家康神話〉にすぎない。彼の代表的な合戦として挙げられるいくつもの戦いを見ても、長久手のような鮮やかな形で勝った例は一つもない。

たとえば姉川（元亀元年〈一五七〇〉）では家康勢がめざましく働いて、それが勝機となったようにいわれているが、どこまで確かなことかはわからない。三方原（元亀三年〈一五七二〉）は、家康大敗に終った戦いだから問題にならない。長篠（天正三年〈一五七五〉）は勝ち戦さに違いないが、主役はあくまでも信長であって、家康は脇役にすぎない。それらの点については、すでに触れたとおりである。関ヶ原（慶長五年〈一六〇〇〉）、大坂（慶長十九―二十年〈一六一四―一五〉）も、快勝とはほど遠いものであったことは、後に述べる。

というわけで、〈家康信者〉の人たちが、いまだに長久手長久手といいたがる気持ちもよくわかるが、この戦いの過程をよく見ると、相手方が信じ難いようなミスを重ねていることが明らかである。相手チームのエラーに乗じての大勝だったといえなくもない。

だいたい、奇襲を志したにしては、人数が多すぎた。これだけの人数を集結させるには何日もかかるから秘密の保持が難しいし、それが長蛇の列をつくってゾロゾロ移動していれば、敵の不意を衝くもなにもあったものではなく、簡単に見つかってしまう。実際にもそうなったが、そんなことは子供でもわかる理屈ではないか。

ところが、奇襲部隊の面々は、そんなことはまったく気にしなかったらしい。最初に家康勢の攻撃を受けた三好秀次の部隊は、白山林でのんびり朝飯を食っているところを襲われて、たちまち壊乱している。自軍のなかでは最後尾だったには違いないが、敵から見れば先も後もないのに、そんなことはまったく念頭になかったらしい。また、先頭の池田恒興の部隊は、途中で岩崎という徳川方の小城に引っかかって、これを攻略するという意味のないことをやって、時間を空費している始末であった。

長久手付近で衝突した池田・森両隊と家康本隊とでは、兵力的には大差がなかったようだが、自軍の行動が敵に知られていることをまったく想像もしない能天気な連中と、十分な気がまえをもって追っていった者たちとでは、まともな勝負になるはずはない。

このほか意外に見落とされがちな家康の勝因としては、武田の遺臣たちの働きもある。武田家が滅亡し、信長も死んだ後、武田の旧領を押さえた家康は、信玄以来強兵として評判の高かった武田の旧臣団をごっそり抱え込んだ。これが徳川家の軍事力を質量ともに大きく向上させたが、家康自身、それをよく知っていた。

小牧の戦いの始まる前、織田信雄に対面した家康は、今度は甲州者（武田遺臣）の働きをお目にかけたいといったので、次の間に控えていた三河侍たちが不満をもらしたという話があるが、長久手の戦闘では、旧武田勢の働きが目立っている。家康が秀吉方の奇襲を知ったのは、郷民の通報によるというのが通説だが、武田遺臣の一人早川幸豊という者があらかじめ察知していたという話も伝わっている。

不思議な戦い

長久手の戦いには不可解な点がいくらもある。たとえば、秀吉方の「中入り」の目的は、家康の本拠を襲うことだったというのだが、三河へ入ったらどうするつもりだったのかという点になると、史料により、いっていることが違う。

岡崎城を占拠してしまうことが目的だったように記したものがある一方で、岡崎に放火して帰ってくるつもりだったように記したものもある。なかには、岡崎まで行き着かなくてもよいから、三河の各所で放火したら戻ってくるようにと、秀吉が指示を与えたといっているものまである。

この種の戦法は、例がないわけではないが、それは機動力を持たせた比較的小規模な兵力で行うのが普通であって、大軍を催して実行するようなものではない。また、この当時の戦功に対する感覚からいっても、敵の城を取るとか、名のある部将を討ち取るとかいうことがあって、はじめて功名手柄といえることになる。したがって、村々に放火してまわる程度のことだったら、池田恒興クラスの部将が率先してやりたがるはずがない。もっと下のクラスの連中にしたところで、敵の首を取って恩賞にあずかるとか、金目の物を掠奪できるとかの期待がなかったら、すすんで働く気になるものではない。

賤ヶ岳の戦いでも「中入り」は行われたが、彼らの直接的な目的は、敵城を奪うことであり、実際にもそのとおり実行された。川中島の戦いの〈啄木鳥《きつつき》戦法〉の別働隊にしても、役割的には、狩場で獲物を追い出す勢子《せこ》のようなところがあるが、それでも彼らは上杉の本隊を襲ったのだから、功名手柄の機会は、決してなかったわけではない。

このように見てくると、池田恒興の部隊がさっさと三河へ向かわずに、途中で徳川方の小城を攻撃していたのも、単に恒興の不見識とか無能とかいうことではなく、目的をそのように理解していたのかもしれない。さらにいえば、この点については、彼と秀吉との間に認識の違いがあったのではないかということも考えられないではない。

秀吉の本音では、彼らは囮《おとり》部隊だったのかもしれない。これだけの大軍が動いて敵が気づかないはずはないし、それがわからない秀吉でもないだろう。とすれば、池田の要請を入れた形で、彼らを囮に家康を釣り出そうと考えても不思議はない。

ただ、この時代の感覚からしたら、囮を囮といってしまったら、士気にかかわることになる。当時、一般の武士たちの関心は、なんといっても首数をかせぐこと、それもできる限り危険度の少ない形でやることだった。だが、囮部隊となれば、勢子にされるよりまだ割が悪い。勢子なら危険性は乏しいが、囮となったら敵の標的とされて危険ばかり大きく、おいしいところは敵の背後からやってくる本隊の連中に持っていかれてしまう。

もっとも、それにしては、秀吉本隊の動きが手ぬるい感じもあるし、そもそも囮作戦が成功した場合、それからどうするつもりだったのかもはっきりしない。小牧山を離れた家康勢を野戦で撃滅しようというのか、残った織田信雄の軍を始末してしまおうというのか、よくわからない。史料によっては、こうして敵軍をおびやかしておいて、要所に築砦してしまえば、尾張半国は手中にできるだろうということだったと説明しているものもある。

秀吉はなぜ家康を潰さなかったのか

長久手の戦いの影響は大きく、京都やその周辺では、秀吉方が敗れたというので、ちょっとした騒ぎになったし、この分では家康方が勝つかもしれないと見る者も出た。しかし、それも間もなく鎮静したようである。家康側は一つの戦闘（battle）を制したまでで、戦争（war）に勝ったわけではないからである。

実際、総合的な力の差は、歴然としており、一戦闘の勝利くらいで埋まるものではなかった。それを示すような話はいくらもある。たとえば、長久手の戦いの後、美濃との境にある信雄の属城が秀吉方に水攻めにされたが、家康はついに救援に出られなかった。彼にできたことは、間もなく小田原北条家の援軍がくるから、それまでがんばってくれといって、出兵の意図があるという北条側の書状を〈証拠〉として添付することくらいだった。

こんな調子だから、この年九月ころ、講和の話が持ち上がった時点では、秀吉方の兵力八万六千に対して、家康・信雄方は、わずか一万だったと「当代記」にある。家康が八月に駿河志《し》太《だ》郡で十五歳から六十歳までの男子を根こそぎ動員した史料も残っているから、兵力が枯渇していたのは事実であろう。当時、和泉貝塚（大阪府貝塚市）にいた本願寺法主の右筆《ゆうひつ》も、尾張の戦線は秀吉勢が完全に圧倒していると、その日記に記している。

家康は、秀吉と戦うに当たって、信玄の対信長戦の故智に学んだのか、各地に味方を求めて反秀吉包囲網をつくりあげようとしている。だが、紀州勢力が再三秀吉の足を引っ張ってくれたくらいが関の山で、もっとも当てにしていた小田原の北条家も結局動いてくれなかった。やはり、外交戦ともなれば、秀吉のほうが一枚も二枚も上手だったし、誰の目にも力の差は画然としていたから、積極的に家康側に〈肩入れ〉する者は、あまり出てこない。

十一月に戦いが終結したとき、秀吉が〈勝利宣言〉をしたのは当然としても、世間もそう見ていたらしいことは、宣教師の報告などからもうかがえる。フロイスは、秀吉方が優位にあるので、家康・信雄は降伏して和を請うほかなかったと説明している。

その秀吉が、その後、家康の子を養子としたり、嫁ぎ先から取り戻した妹を家康の後添えとしたり、実母を事実上の人質に入れたりと家康との和解に非常な努力を払っている。こうした事実を見て秀吉は家康の手並みに恐れをなしたのだという〈家康信者〉が絶えないが、動員力の問題一つ取ってみても、家康側が力尽きかけていたことは明白である。

その気になれば、秀吉が家康を潰すことは、比較的容易だったはずである。家康本人も、とうてい勝ち目はないと悟っていたことは、その後チャンスがなかったわけでもないのに、秀吉生存中は、二度と反抗しなかったことを見てもわかる。

秀吉が家康潰しを試みなかったのは、一言でいえば、彼が〈西向き〉人間であったからだと考えられる。家康やその背後の北条家などと戦って東日本を制覇するよりも、そちらは後回しにして、西日本を片付けることを優先させたのである。

その前提には、「唐入り《からいり》」つまり中国大陸に押し出したいという野望があった。史料的には、秀吉が明確にそれを表明したのは、小牧の戦いの翌年であるが、実際には、それ以前からずっと温められていたに違いない。そもそも、主君の信長が中国の毛利を平らげ、引き続き日本全土を制圧したならば、一大艦隊を編成して大陸の武力制覇に乗り出すつもりでいたとフロイスも記している。秀吉の野望は、信長ゆずりだったのであろう。

大陸に出兵しようというなら、水軍の基地と兵員を確保するためにも、西日本方面を早く制圧して安定させておかねばならない。〈西向き〉になったのは当然である。

第十一章　武器が戦争のすべてではない

——豊臣秀吉と備中高松城水攻め

秀吉の得意技

豊臣秀吉は、生涯に一度も負傷したことがなかったという伝承が江戸時代にあったらしい。それは賞賛の意味をこめてではなく、彼は身をかばいたがる人だった、勇敢な人ではなかったとして、おとしめようとする気分から出たもののようである。

だから、家康の旧臣で百三十歳まで生きていたといわれる渡辺幸庵という男がこうした世評に反発している。幸庵によれば、大将というのは自ら手を下して戦うべきものではないし、最前線に出るべきものでもない、どこまでも命を大切にすべきであって、やたらに危ない真似をするのは褒められることではないというのである。

実際には、秀吉も若いころは前線に出たこともあって、永禄十二年(一五六九)、伊勢の阿坂城を攻めたときに軽傷を負ったりしたことがある。しかし、世間からは、弁護者である渡辺幸庵などを含めて、終始、危険なことはしない人だったと見られていたのである。

秀吉自身も、大将が身をかばうのが悪いことだとは、考えていなかったらしい。彼が徳川家康、前田利家、毛利輝元、蒲生氏郷《がもううじさと》たちと雑談したとき、仮に織田信長が五千、氏郷が一万の兵力で戦ったら、どちらに付くかと尋ねたことがある。もちめん戯れの話だが、一同、答えかねていると、秀吉は、わしなら信長のほうに付くといった。なぜなら、戦さはなんといっても、

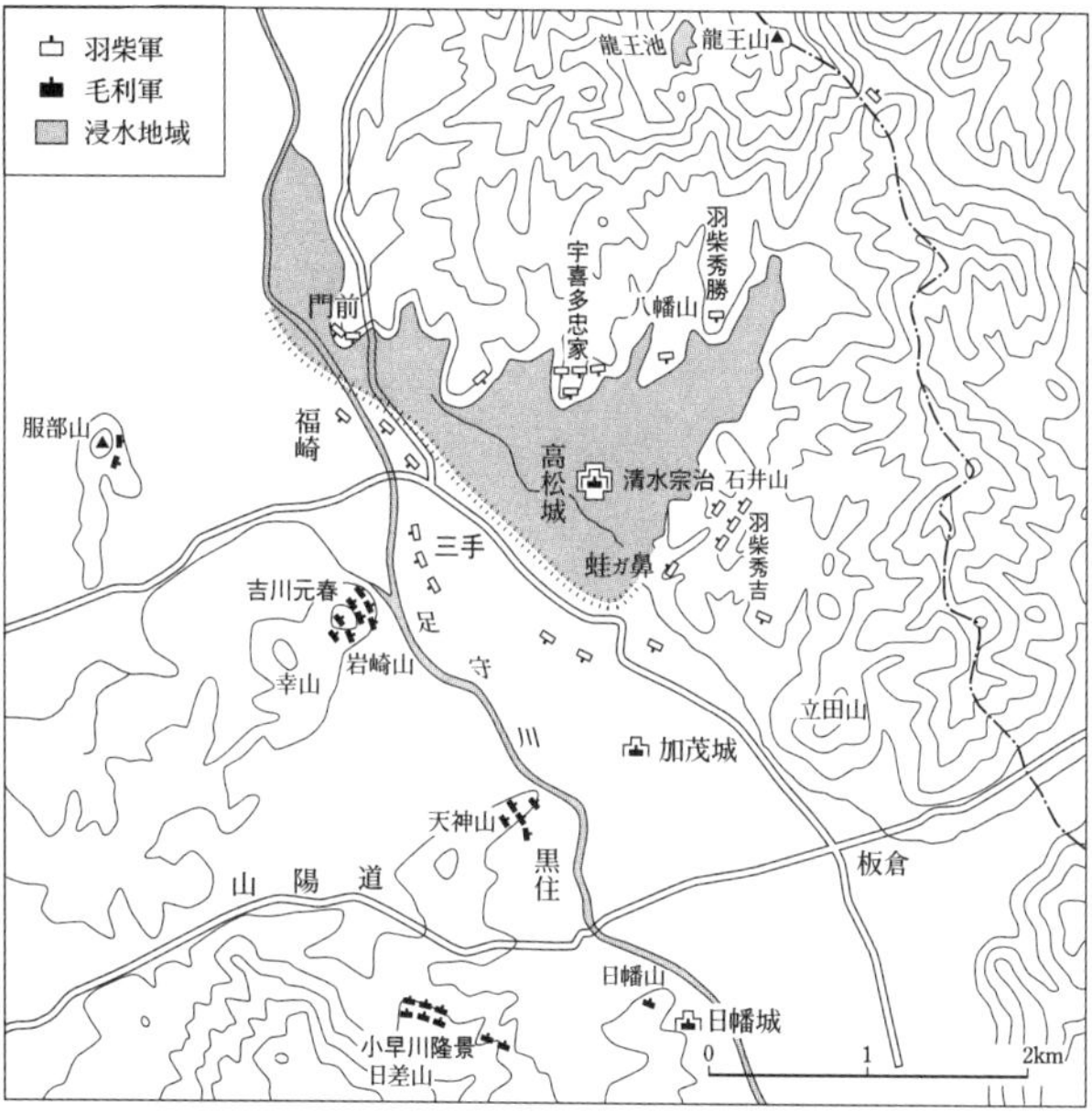

高松城水攻め要図（高柳光寿『本能寺の変・山崎の戦』［昭和33年・春秋社］を参考）

大将が先に討ち取られたほうが負けになるからである。蒲生勢の士分の者を五人も討ち取れば、そのなかに氏郷の首があるだろうが、信長勢のほうは五千人が四千九百人まで戦死しても、信長は生きているだろうというのが、秀吉の説明であった。

信長の婿の氏郷は、陣頭に立って戦うのが大好きな男だった。新たに召抱えた者がいると、わが家には戦さとなると鯰《なまず》の尾の冑を着けて真っ先に進む者がいるから、その男に劣らぬように働けというのが常であった。もちろん、鯰の尾の冑の男とは、氏郷自身のことである。

身をかばうことを意に介さない秀吉は、作戦指導においても接戦を避け、犠牲の少ない方法を選ぼうとすることが多かったとされている。天正十九年（一五九一）に奥州で反乱を起した連中は、秀吉たち上方《かみがた》の奴らは弓矢で戦おうとせずに、謀《はかりごと》で敵を滅ぼそうとしたがると批判した。ここにいう「謀」とは、内通者をつくって切り崩すようなことをいっているのかもしれないが、秀吉が水攻め、兵糧攻めを好んだことは、よく知られている。

わが国の水攻めは、近江の大名佐々木承禎《じょうてい》（六角義賢《ろっかくよしかた》）が天文年間（一五三二―五五）に同国の肥田《ひだ》城（滋賀県彦根市）で行ったのが最初だというのが、軍学者の説であるから、それに従えば秀吉が元祖というわけではない。だが、これをもっとも多用したのは、間違いなく彼である。昔から広く知られているのは天正十年（一五八二）の備中高松城の事例であるが、このほかにも同十二年の尾張竹ヶ鼻城、同十三年の紀州太田城と、秀吉は生涯に三度水攻めを行っている。これに部下に指示してやらせた天正十八年の武蔵忍《おし》城を加えれば計四回となる。

このほか、織田信雄と戦おうとするに当たって、信雄の分国尾張を水攻めにしようと計画していたという話もある。尾張は低地が多く、大河もあるので、熱田辺りでせき止めてしまえば、国中水浸しになるだろうという壮大な計画であった。鍬《くわ》、鎌などを多数用意させたとか、空俵《あきだわら》をたくさん集めさせたとかいうが、いずれにせよ、これは〈未遂〉に終わっている。

兵糧攻めのほうも、天正六年（一五七八）の播磨三木城、同九年の因幡鳥取城、同十八年の相模小田原城など、くり返し実行している。兵糧攻めについては、別に考えることとして、この章では高松城を初めとする秀吉の水攻めを取り上げてみたい。

備中高松城攻めの実態

備中高松城（岡山県岡山市）の水攻めは、秀吉が信長に命ぜられて行った中国の毛利攻めの一環として実行された。この城は、三方が沼、一方に広い堀をかまえた平城で、城将は清水宗治、守兵は五千五百とも六千五百ともいわれる。

対する秀吉勢は、三万というのが通説である。当初、型のごとき攻撃を加えてみたが、城も堅固であるうえに、城兵の戦意も高く、かなりの損害を出しただけに終った。そこで城の南方に堤を築いて足守《あしもり》川をせき入れようという水攻めの〈奇策〉が案出された。発案者は、黒田孝《よし》高《たか》（如水）だといわれているが、たしかなことはわからない。

このとき従軍した佐柿常円《さがきじょうえん》という者の思い出話によると、秀吉は数人の供を連れただけで、自ら馬を走らせ、自分の足跡に従って堤を築くよう指示した。その間、城中から撃ち出した鉄砲が羽織に二発当たったが、意に介さなかったともある。

常円からこの聞き書きをとった者は、築堤工事中に敵側からの妨害はなかったのかと質問した。常円は、一夜のうちに塀をかけ、五十間（九〇・五メートル）ごとに櫓《やぐら》をつくり、敵の妨害に弓鉄砲で応戦しながら、塀の陰で作業を進めていったのだと答えている。

こうして築かれた堤は、高さ四間（約七・二メートル）、基底部の幅十二間（約二一・七メートル）で、総延長は四キロほどだったというのが通説だが、三キロ余りだったとする説もある。これを十二日間で完成させたというのが、これも通説である。

これだけの大工事が短時日で実施されたのは驚異とすべきだが、実際には、それほどの工事量は必要なかったのではないかという説も昔からあった。それをいったのは、江戸時代中期に地元備中で生まれた古川古松軒《ふるかわこしょうけん》という地理学者で、彼の計算では、三〇〇メートル程度の堤を築けば、十分目的は達成できたというのである。最近の研究者のなかにも、古松軒の説に賛意を表している人がいる。

いずれにせよ、梅雨の季節に入って水量が増したこともあって、城は湖水のなかの浮島状態になってしまった。通説に従えば、付図のような状況であって、毛利の援軍もやってきたが、秀吉側の防備は固かった。毛利の家臣玉木吉保が記すところでは、毛利勢のほうに向けて塀をかけ、垣根をつくり、約十間（一八・一メートル）に一つの割で櫓をかまえ、一間ごとに行灯《あんどん》をともしていたとあるし、秀吉の本陣のある山上には、五重の天守までつくられていたという。

この高松城攻囲中に本能寺の変が勃発し、秀吉が信長の死を隠して毛利方と講和して引き返したことは、山崎の戦いのところで述べたとおりである。五月八日に築堤工事が始まり、開城したのが六月四日であるから、一ヶ月弱でケリがついたことになる。

あまり知られていない尾張竹ヶ鼻の水攻め

秀吉二度目の水攻めとなった尾張竹ヶ鼻《たけがはな》城（岐阜県羽島市）の戦いは、前の章で扱った小牧の戦いに含まれる一連の戦闘の一つとして起きた。そこで述べた、家康が救援を求められながら、ついに出動できなかった城というのがそれである。東照大権現様にとっては、格好のよいお話ではなかったせいか、この城攻めのことは、あまり知られていない。

竹ヶ鼻城の正確な位置は、現在ではわかりにくくなっているが、今日の羽島市内にあったことは間違いない。その辺りは、後に木曽川の流路が変わったため美濃国に属することとなったが、当時は織田信雄の分国である尾張国に入っていた。信雄は、この城を家臣の不破広綱という者に守らせていたが、守兵は七百人ほどだったといわれている。

長久手の戦いの後、秀吉は戦略を立て直して、伊勢・尾張にある信雄側の拠点を次々に潰してゆく作戦に出た。美濃との国境に近いこの城も、そのターゲットとされたが、攻囲の人数は、十万に及んだと軍記の類にある。しかし、水堀を何重にもめぐらした堅固な構えを見て、評議のうえ、水攻めに決したのだということである。

堤は、高さ六間（約一〇・九メートル）、基底の幅十五間（約二七・二メートル）、総延長は五キロにも及ぶ巨大なもので、これを一晩で築いたというので「一夜堤《いちやづつみ》」などと伝えられているが、実際には五、六日かかったともいわれている。

いずれにせよ、大変な大工事だったように考えられるが、現地の状況などから見ると、古い輪中《わじゅう》堤を利用して、ほとんど新たな築堤などすることなしにでき上がったのではないかという指摘もある。「輪中」というのは、この地域に特有のもので、水害を避けるため、村落の周囲をぐるりと堤で取り巻く形に仕立てることである。

攻囲中に堤の一部が決壊することもあったが、大勢に影響はなく、救援の得られる見込みもなくなった守将の不破広綱は、六月十日に退城した。秀吉書状によると五月十日に本格的な攻城が始まったと見られるから、ちょうど一ヶ月の籠城だったことになる。

開城に先立って広綱は、織田信雄に了解を求めているが、信雄も、こうなってはどうしようもないから、城を渡して全員無事に引き揚げてくるようにと答えている。救援の見込みがなくなれば、守る者は、それ以上無駄な抵抗などしないし、守らせている主君のほうも徹底抗戦などど求めないというのが、この時代の〈常識〉というものであった。

諸説ある紀州太田の城攻め

紀州太田城（和歌山県和歌山市）の水攻めは、秀吉の紀州攻めのなかで行われた。守っていたのは、雑賀衆とか根来衆とかいろいろいわれているが、正確には雑賀を構成していた五つの荘郷の一つである宮郷《みやごう》の太田党の人びとが中心であった。人数についても諸説あるが、婦女子や非戦闘員を含めて約五千というところだったらしい。

水攻めに遭うくらいだから、この城も平城であったには違いないが、現在、太田城址とされている位置にあったのかどうかは確かでない。周囲に堀をめぐらし、土手を築き、要所に櫓をあげたという程度の構えであったというから、〈堅城〉という感じではない。

この戦いがなぜ起ったかについても、秀吉側の説明と太田党側のそれがまったく食い違っている。秀吉側では、当初、太田を攻撃するつもりはなく、放置しておいたところ、よからぬ者どもが集まって、秀吉軍の軍需物資を奪ったり、人足を殺したりしたので、懲らしめのために水攻めにしてやったといっている。

一方の太田党側は、秀吉の部将中村一氏がやってきて、降参しろといったので、その気はないから早く馬を向けたらよかろうといって五十人余りを討ち取ったのが発端だといっている。

秀吉の紀州攻めというと、この太田城の話ばかりが有名だが、雑賀では同じ時点で他の城にこもって抵抗を続けていた者もいたのだから、こちらのほうが本当かもしれない。

築堤の規模についても諸説ある。秀吉に仕えていた大村由己《ゆうこ》は、高さ六間（一一メートル弱）、基底の幅十八間（約三二・六メートル）、周囲四十八町（約五二三六メートル）としている。これに対し、江戸時代の後期に地元の紀州藩が編んだ地誌では、高さが二間から三間半（約三・六メートル〜六・三メートル）、基底の幅十八間、周囲五十三町（約五七八二メートル）としているが、それ以外にもいろいろな説がある。

これを五日間で完成させて、四月一日から紀ノ川の支流宮井川の水を引き入れたというのが、一般に伝えられているところだが、十万の人数で十二、三日かかったといっている史料もある。これまた諸説紛々《しょせつふんぷん》というところだが、地元の和歌山市立博物館の額田雅裕さんによれば、それほどの大工事を施さなくとも、地形を巧みに利用すれば、宮井川をせき止めるだけでも可能だったのではないかということである。

結局、城兵は四月二十二日に降伏したが、水攻めのための工事が始まった時点から数えて、この場合も一ヶ月弱で決着がついたということになる。

忍城水攻めの発案者

武蔵忍城（埼玉県行田市）は、当時、小田原の北条氏に属していた成田家の城で、この城攻めも秀吉の北条攻めの一環として実行された。前の三例と違うところは、忍城の水攻めばかりは、失敗に終っていることである。

成田家の当主氏長は、北条氏の本拠である小田原城に籠っていたので、忍城を守っていたのは城代の成田長親であった。守兵は三千五百くらいだったといわれるが、そのかなりの部分が農民などであったらしい。攻囲したのは、石田三成を指揮官とする二万三千だったが、途中から六千ほどの援軍が加わったという。

この城も高松城などと同じく低湿地に囲まれた平城で、まともに攻めるのは難しいということから、三成の判断で水攻めと決定したというのが通説である。築堤工事は、六月七日に始まり、五日ないし七日で完成したというのが、これも通説のようなものだといえる。

規模については、高さ三間（約五・四メートル）で、総延長は一三・八キロにも及んだというが、他の三例同様、これにも異論がある。太田城について新説を提起している額田さんは、忍城についても、自然堤防などの地形を利用すれば、わずかな部分に築堤するだけで、水攻めは可能だったのではないかと推定している。

それはそれとして、他の三城の場合と違って、忍城の場合には水攻めはうまく機能せず、城兵を苦しめるという具合にはいかなかった。そのため、城主の成田氏長が降伏し、小田原の本城が開城した後になっても、まだ持ちこたえていた。結局、氏長の説得などもあって、小田原開城から十日後の七月十六日に明け渡されることとなった。

こういう結果になったのは、発案者である石田三成の判断が甘かったからだというのが、早くから〈公論〉のようになっていて、それがまた武将としての三成の評価を下げさせることにもつながっていった。

だが、水攻め工事実施中の六月十三日付けで三成が浅野長吉（長政）らに宛てた書状を見ると、どうも発案したのは彼ではなかったようである。そのなかで三成は、水攻めということになってしまったものだから、諸勢その準備ばかりしていて、進んで戦おうとしないとぼやいているのである。

一方、秀吉が七月三日に浅野に送った書状を見ると、忍城はとにかく水攻めにするのだと念を押している。これらの史料からすると、水攻めを指示したのは秀吉自身だったと見るべきであるが、そこには、こと水攻めに関しては、わしがエキスパートだという自負があったのかもしれない。しかし、結果が芳しくなかったために、なんとなく三成に責任を押し付けてしまったのではないかと考えられる。

水攻めは人道的か

それはともかく、水攻め、兵糧攻めのような戦法を好んだ秀吉の行き方については、彼が人命を尊重する人間だったからだというような解釈がある。秀吉本人も、それらしいことをいっているようだが、果たしてそうなのだろうか。

たしかに水攻め、兵糧攻めのような戦法を採る限り、自軍の損害は最小限にとどめられるから、その意味では、安全第一、人命重視のやり方であったことは否定できない。秀吉も、当然そうしたことは考えていたことだろう。

しかし、それをやられる相手方にしてみれば、必ずしもそういうことにはならない。この当時、通常の戦い方をしていれば、生命を落とす確率は、それほど高かったとはいえないが、水攻めや兵糧攻めを徹底してやられたら、全員確実に殺されてしまうだろう。

しかも、こうした方法は、婦女子などを含む非戦闘員まで巻き込む可能性がきわめて高かった。ことに兵糧攻めの場合には、すみやかに城内の食糧を枯渇させるために、あえて非戦闘員の脱出を許さなかったり、わざわざ城に追い込んだりするようなことも行われていた。そうしたことまで考えれば、見かけの穏やかさとは裏腹に、けっこう残酷なやり方だったといえなくもないのである。

ただ、現実には、この時代の城攻めは、水攻め、兵糧攻めの場合を含めて、全員玉砕するまでとことん行われるということはまずなかった。〈城を枕に討死〉といったことになるのは、よほど特殊な事情があったような場合で、むしろ例外的なことだったといえる。

城を固守したところで、先の望みがないとわかれば開城してしまうのが、この時代の〈常識〉だったことはさきに述べた。別の章で取り上げた石山本願寺などは、その典型例であるし、この章で触れた紀州太田城などもそれである。

こうした場合、仮に城主が徹底抗戦を呼号してみたところで、まず下の連中が従わない。うかうかしていれば、城主を捕らえたり、討ち取ったりして、敵に差し出すようなことにもなりかねない。そうした例は、この時代にはいくらも存在する。

城主の上にさらに主君がいるような場合でも、こうした関係は変わらない。だから備中高松城の例では、城主の清水宗治より、主家である毛利家のほうがやきもきして秀吉に講和を申し入れるようなことになった。尾張竹ヶ鼻城でも、開城して全員無事に撤退するよう主人である織田信雄が指示を与えている。武蔵忍城ばかりは、やや例外のようだが、これは水攻めが十分に機能せず、城中が窮迫していなかったからである。それでも、これ以上の抵抗が無意味とわかれば城を明け渡しているのである。

第十二章　三匹目のドジョウはいなかった?

——北条氏康・氏政と小田原籠城

籠城策を好んだ北条氏

相模小田原城（神奈川県小田原市）を本拠とした北条氏は、北条早雲が起こした家であるが、鎌倉時代に幕府の実権をにぎっていた北条氏と区別するため、「後北条氏《ごほうじょうし》」などと呼ばれている。本拠地にちなんで、「小田原北条氏」と呼ばれることもある。

初代の早雲はきわめて有名な存在だが、実際には、「北条早雲」などという名前の人間はいなかった。名字を伊勢、通称を新九郎、髪を剃ってから宗瑞《そうずい》と称し、庵号を早雲庵といっていた人物が、その正体である。したがって、正確には「伊勢宗瑞」とか「早雲庵宗瑞」とか呼ばねばならないが、ここでは早雲で通しておくことにする。

名字を「北条」と改めたのは、息子の北条氏綱の代からである。それ以後、この家では早雲が鎌倉北条氏の子孫であったと主張するようになった。

それはともかく、この氏綱がなかなかの人物で、父親から受け継いだ伊豆（静岡県）、相模（神奈川県）に加え、武蔵（東京都・埼玉県）などへも版図《はんと》を拡大した。本拠を伊豆韮山城《にらやま》（静岡県田方郡韮山町）から小田原へ移したのも、氏綱の代からである。

氏綱の息子の氏康も昔から名将の評価が高く、婚姻政策なども織り交ぜながら、さらに版図を広げていったが、彼の代になると、甲斐（山梨県）の武田信玄、越後（新潟県）の上杉謙信との間に複雑な関係が生ずる。彼らは時に連携し、時に敵対し、関東版三国志のような様相を呈するに至った。さらに、これに駿河（静岡県）の今川氏も一枚加わったから、四つ巴状態であり、当時の関東の情勢は、まことにややこしいものがあった。

ことに謙信と信玄は、何度か北条領内に侵入してきて、本拠の小田原城を囲んだこともある。謙信の場合には、ご丁寧に二度まで来攻したという説もあるが、二度目の小田原攻めについては、確証がなさそうである。

謙信、信玄の来攻に対して、氏康は、いずれの場合も徹底した籠城策を採ることで対応して成功している。戦国の龍虎ともいうべきこの二人に試みて成功したのだから、籠城作戦は、北条家の〈お家芸〉のように目されることになる。それで氏康の息子氏政も豊臣秀吉の来攻をこの手で迎え撃とうとしたが、結局、失敗に終った。三四目のドジョウはいなかったが、それはなぜかということを、これから考えてみたい。

上杉謙信の来攻

話の順序として、上杉謙信の小田原攻めがどういう具合に行われたかを見ておきたい。これは謙信が上杉の名跡《みょうせき》と関東管領《かんとうかんれい》の職を上杉憲政《のりまさ》から譲り受けたことが契機となったものであるが、その前提としては、氏康が関東の旧勢力である山内《やまのうち》、扇谷《おうぎがやつ》の両上杉家を潰したということがあった。

関東管領というポストの起源は、よくわからないそうだが、室町幕府では「鎌倉府」というようなものを置いて、足利一門の人間に東日本を管理させる形を取っており、それを補佐する最高機関という程度にとらえておけばよいのかもしれない。このポストは、次第に山内上杉家で世襲する形となったが、氏康のころの当主が上杉憲政であった。

氏康に敗れた憲政は、これがくやしくてたまらず、もと自分の家の家老格であった越後の長尾景虎のもとに行って、関東管領の職も上杉の家督もすべて譲るから、なんとか仇をとってくれないかと頼み込んだ。この長尾景虎が後に「上杉謙信」となるのである。

謙信は、憲政の頼みを聞くと京都へ行って将軍家の了解を取り、憲政の養子となって上杉の系図、関東管領の職を譲り受けた。そのうえで永禄四年(一五六一)、十一万三千と称する大軍を率いて小田原城を包囲したのである。これほどの軍勢が集まったのは、まだ上杉家の名跡や「関東管領」という看板にそれだけの影響力があったということである。

謙信は、もともと義理堅い人だから憲政の依頼に応じたのだといわれているし、それはそれで間違いないかもしれない。だが、謙信本人にとっても、決して悪い話ではなかったことは明らかであり、これ以後、彼は関東の制覇を志すことになる。

この大軍を迎え撃った氏康は、ひたすら城を固めて守りに徹するとともに、当時提携していた信玄に出兵を依頼したりした。ちなみに当時の小田原城の主要部は、現在、復興天守閣が建っているあたりではなく、これとＪＲの線路を隔てた北側の山上にあった。

意気あがる謙信は、大手口近くの堀端に腰を据えて、弁当を食い、お茶を飲んだという話がある。この振舞いを面憎《つらにく》いと見た城兵が鉄砲十挺ばかりを集めて三度一斉射撃をかけ、弾丸は謙信の体をかすめるほどだったが、謙信は少しも騒がず、お茶を三杯お代わりして立ち上がったという。どこまで本当かはわからないが、謙信という人には、とかくそうした危険なことをやりたがる傾向があったことは確かである。

だが、そうしたパフォーマンスを演じてみたところで、城が落ちるものでもなく、約一ヶ月半後には引き揚げざるをえなかった。帰途、鎌倉の鶴岡八幡宮で関東管領就任の儀式を行うとともに、晴れて上杉の名跡を継ぎ、「政虎」と改名している。これで一応の面目は立ったが、帰国の途中、北条方に小荷駄《こにだ》（輜重《しちょう》部隊）を襲われたという話もある。

武田信玄の来攻

信玄が小田原を攻めたのは、永禄十二年（一五六九）十月のことである。信濃（長野県）から上野（群馬県）に入った信玄は、武蔵（埼玉県・東京都）に進攻し、甲斐（山梨県）からやってきた別働隊と合流して小田原城に迫った。人数は、三万余りだったという。

氏康は、今度も籠城策をとり、この時点では提携していた上杉謙信に応援を求めたりした。武田勢は、北条方の士《さむらい》屋敷《やしき》などを含めて小田原の市街をことごとく焼き払ったといわれるが、氏康はあえて出撃しようとはしなかった。

信玄は、謙信のような冒険家ではないから、堀端でお茶を飲んだというようなおもしろい話はなにも残していない。ひとしきり攻めつけると、数日後には引き揚げにかかった。城中には、かなりの人数がいたはずであるし、周辺の北条側の支城も手つかずに残しているのだから、三万くらいの人数でどうなるものでもない。うかうかしていれば、自軍のほうが窮地に陥ってしまう。その程度のことは、信玄も計算ずみだったに違いない。

それよりも、よくわからないのが、信玄はなぜ小田原攻めなど企てたのかということである。そのため、昔からいろいろと議論があるが、どうやら信玄が今川領の駿河（静岡県）を狙い、今川を応援する北条家と戦っていたことと関係があったようである。小田原が危ないとなれば、駿河方面に出ている北条勢もあわてて本国へ引き取るだろうから、その隙に駿河を押さえてやろうという一大陽動作戦だったのではないかというのである。

小田原から撤退するに当たって、信玄は、これから鎌倉の鶴岡八幡宮に参拝するといって敵はもちろん、味方の兵士たちまで欺き、途中でにわかに方向を転じて相模川沿いに本国へ向かった。いったんはだまされかけた北条方もすぐにこれに気づき、相模愛甲郡の山地に先まわりしたまでは上出来だったが、信玄の巧みな軍配で返り討ちにされてしまった。

信玄のほうが氏康より一枚上手《うわて》だったという次第だが、この戦い（三増峠《みませ》の合戦という）、必ずしも武田側が威張れるほどの快勝ではなかったのではないかという見方もある。一方、やられた氏康は、上杉謙信に対し、そちらの加勢がなかったので、信玄を取り逃がしてしまったようなことをいって、責任転嫁を試みている。

豊臣秀吉の来攻

北条家にとって三度目にして最後の小田原籠城となったのが、天正十八年（一五九〇）の豊臣秀吉の来攻である。秀吉側にとっては、これが天下取りの総仕上げであった。このときの北条家の当主は五代目の氏直であるが、実権は父の氏政がにぎっていた。

この戦いの直接の原因は、秀吉配下の真田昌幸の属城を北条配下の人間が攻め取ったことにあるが、それはあくまでも〈きっかけ〉にすぎない。秀吉は、それ以前から北条家に服属を求めていた。天正十三年（一五八五）七月関白に就任した秀吉は、朝廷の権威を借りて私戦禁止令ともいうべきものを振りかざし、いまだ支配下に入っていない九州・関東・奥羽の三地方を押さえようとしていたのである。

実は、信長の晩年には、それまで一応提携関係にあった北条家と織田家の間はギクシャクし始めていた。信長の死後、北条家は徳川家康や奥州の伊達氏と手を結んで秀吉に対抗するような形をとっていた。小牧の戦いのとき、家康が北条家の援軍に期待するところがあったのはそのためであるが、北条側は、積極的には動かなかった。

そうこうするうちに家康と秀吉が〈和解〉してしまい、北条家にとって情勢はにわかにきびしいものとなった。北条側も天正十五年ころから軍備強化などの対応を取り、次第に決戦態勢をととのえていった。もちろん、その間には秀吉との融和を試みようという動きもあったし、北条氏直の舅《しゅうと》である家康も、秀吉との間に立って、いろいろ気をもんでいたが、実質的な当主である氏政とその弟の氏照は、ほぼ一貫して決戦論を維持し続けたといえる。

こうして天正十七年(一五八九)十一月、秀吉からの宣戦布告となり、大動員が行われて、翌十八年三月には実際に戦闘が開始される。このときの秀吉側の兵力は、各地の留守部隊などを別にしても、二十一万余りといわれるが、これに佐竹、里見など従来から反北条の立場を取っていた関東の諸侯の軍勢も加わったから、さらに大きなものとなった。

対する北条側は、小田原の本城に集結したものだけで五万六千余りといわれているが、正確なところはわからない。関東各地の支城の守兵などを合わせれば、十万くらいはあったのではないかという見方もある。

その後の経過はよく知られているとおりで、箱根・足柄の線で秀吉軍を防ごうとした北条側

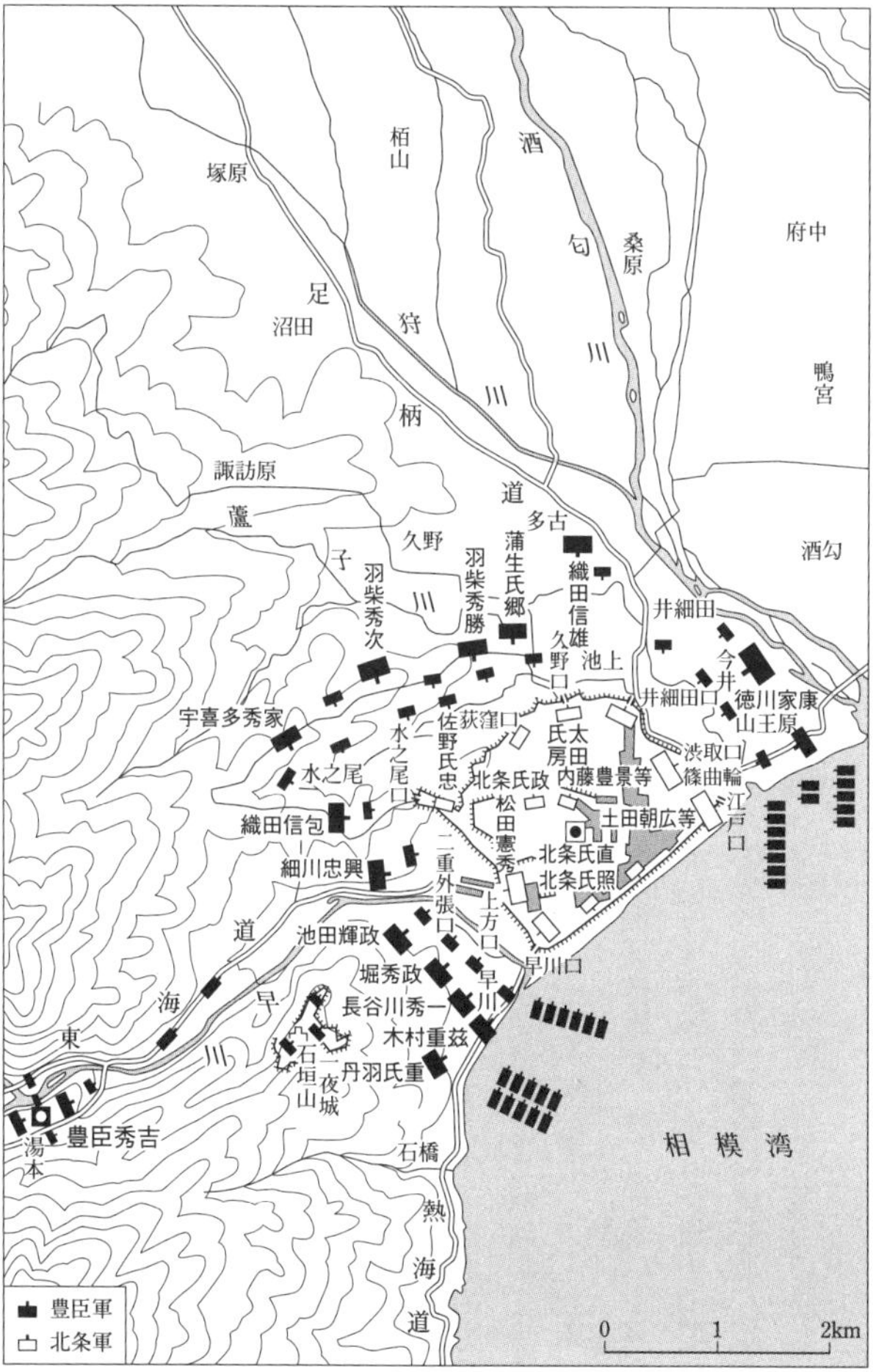

小田原攻め要図（相田二郎『小田原合戦』［昭和51年・名著出版］を参考）

の目論見は簡単に崩れ、四月四日頃には早くも小田原城の攻囲が始まった。秀吉側は、長囲《ちようい》の計を取って、周囲に厳重な陣地を構え、城の西方の笠懸山《かさがけやま》（石垣山）に恒久的な築城まで行ったが、結局、約三ヶ月後の七月六日には開城の運びとなった。

その間、各地の支城もあらまし落とされたり、明け渡されたりして、本城が開城した時点では、めぼしいものとしては、前に触れた武蔵忍《おし》城が残っていた程度であった。

籠城作戦は、本当に失敗だったのだろうか

開城に伴って、北条氏政は弟の氏照とともに切腹を命ぜられたが、昔から、この人の評価はすこぶる悪く、愚将の見本のようにいわれている。天下の大勢もわきまえず、自他の力をおしはかることもできず、無分別なことをして、あたら早雲以来百年続いた家を滅ぼしてしまった阿呆な奴というのが、いわば〈公論〉になっているのである。

たしかに結果だけから見れば、親の氏康が二度成功した籠城作戦を、状況の違いも考えずに〈三番煎じ〉を試みて失敗したのは愚かだったかもしれない。そこから、専守防衛の退嬰《たいえい》的な作戦を取ったのがよろしくなかったというような議論も出てくるのだが、積極策を取れば成功したという保証などどこにもない。どういう方策を取ろうと、あの段階では北条方の勝ち目は明らかに乏しく、五十歩百歩というものである。

だから、抵抗などしないで、さっさと秀吉に頭を下げてしまえば、それがもっともよかったのだろうが、氏政・氏照兄弟は、それをするのがいやだといって徹底抗戦に出たのだから、いうだけヤボな議論というものかもしれない。

そこで純粋に戦術論にしぼって考えれば、そこに至る過程には問題が残るものの、籠城作戦自体が失敗であったとは、一概に言い切れないことに気づく。当時の小田原城は、秀吉襲来に備えて大改修したため、市街まで包含した周囲約二〇キロといわれるほどの巨城になっていた。ここに多数の兵士が十分な武器・弾薬、兵糧を用意して立てこもったのである。

それで秀吉も力攻めを諦めて兵糧攻めに出た。秀吉には、天正六年（一五七八）から八年にかけての播磨三木（兵庫県三木市）、天正九年（一五八一）の因幡鳥取（鳥取県鳥取市）と二度の大きな城攻めで、この作戦を成功させた〈実績〉があった。だから自信をもって臨んだのだろうが、最終的に北条家が手を挙げたのは、別に兵糧が尽きたからではない。もちろん、秀吉勢に城内に踏み込まれたからでもない。

そういう観点からすれば、籠城作戦自体は、むしろ成功だったと見てもよいくらいである。戦術的には負けていないが、もっと上の戦略あるいは政略レベルで城を明け渡さざるをえなくなったという意味では、前に取り上げた石山本願寺とやや似たところがある。

城方ががんばれたのは、小田原に多くの将兵を集めたことも大きく作用している。それによって攻囲軍が仮に総攻撃をかけてきても、はねのけることができたし、各支城の主らを抱え込むことによって、結束を固めることもできた。その代わり、それが戦略的には裏目に出てしまったようなところもある。

それは本城が強化された分、支城が弱体化したからである。城主不在の城も多くなったし、置かれた兵力も決して十分とはいえなかった。実は、北条家が箱根・足柄の線を守りきれなかったのも、根本的には、前線の支城に配置した兵力が少なすぎたからである。

こういう状態だから、支城は次々に攻撃を受けて各個撃破されてしまったが、本城も厳重に囲まれてしまっているから、救援の部隊を送り出すこともできなかった。北条側としては、本城と支城網を有機的に連携させて戦えば、どうにかなると思っていたのかもしれないが、目論見どおりにはいかなかったのである。

進んだ軍隊と遅れた軍隊の対決だったのか

戦術とか戦略とかいうレベルを超えたところになると、こうした説明をしたがる人が多い。秀吉の軍隊は、兵農分離《へいのうぶんり》を果たしていたから、土地に束縛されることなく、いつでも行動できたし、職業的な戦士として十分な訓練も受けていた。これに引き替え北条の軍隊は、兵農未分離状態だったから、所領から駆り出された武士とそれに従う農民の寄せ集めで、装備も悪く十分な訓練もされていなかった。これがこの人たちの言い分である。

さらにいえば、秀吉側に兵農分離ができたのは、いわゆる「太閤検地」を経て経済基盤が確立されていたからである。その経済力によって万全の補給態勢を敷くことができ、現地調達などしなくとも長期の滞陣に耐えることが可能であったということにもなる。

こういう見方にしたがえば、氏康が二度の籠城に成功したのは、相手の謙信や信玄が率いていたのが、北条家と同種同質の〈旧式〉軍隊だったからであり、氏政が失敗したのは、自分が相手にしているのが〈新式〉軍隊であることに気づかなかったからである。

この種の説明がまったく間違っているとはいわないが、それで割り切れるというものでもない。たとえば、検地云々というが、これは以前から多くの戦国大名がやっていたことで、北条家の場合には、初代早雲のときから手をつけて、全領土で実施している。その限りでは、遅れているどころか、何歩も先へ行っていたといえる。

逆に、秀吉の場合には、それほどすんなりやれたわけではない。たとえば、彼は天正十三年（一五八五）に紀州を押さえたが、検地の実施は容易ではなく、一部の地域では、小田原攻めの翌年天正十九年になって、やっと始められたほどである。この地に限らず、検地をしようとしただけで一揆を起こされたような例もあるのだから、それに基づいて年貢の増徴をはかろうなどとしたらなおさら大変なことになる。

経済力を充実すれば、兵農分離が可能になるというのも一面的な見方にすぎない。支配地内に多くの人口を擁して、もともと大きな動員能力を持っていなければ、無理な相談というものである。北条家の支配した東国は、畿内などに比べれば、概して人口が希薄であったと見られるから、仮に経済的な裏付けがあっても、困難な課題であっただろう。

現実にも、そうした条件を満たして兵農分離をなんとかかやれたのは、織田家と豊臣家くらいのものだというのが、久保田正志さんという研究者のご意見である。たしかに、小田原攻めに参加した諸大名がすべて兵農分離完了済みだったなどということはありえない。最大勢力の徳川家康にしたところで、ほんの数年前の小牧の戦いでは、農村に根こそぎ動員をかけなければならないような状態だったのだから、秀吉直属の連中を除けば、いずれも兵農未分離状態にあったことは、推して知るべきである。

それなら北条家は、なぜ負けたのか

新旧対決云々が怪しいことは、かくのとおりであるが、秀吉軍は後方の備えが万全であった、補給態勢も完璧であったというような話はどうだろうか。実は、この点について、宣教師のルイス・フロイスが『日本史』で、おもしろいことを書いている。

それによると、北条方は十分な蓄えと多大の兵力を擁していたのに、遠国から長途を経てやってきた秀吉側はすでに衰弱しており、食糧も不足していたから、冬まで持ちこたえていれば、北条方にも逆転の目があっただろうというのである。フロイスも、まったくの与太を並べたわけではなく、それなりの根拠のある情報は得ていたのだろう。

こうなると、北条家の敗因は、新旧軍隊の対決のなんのと大上段に振りかぶらなくとも、昔から連綿とある、もっと単純な理由で説明できそうである。それは外部からの応援の見通しのない籠城は、まず成功したタメシがないということである。

具体的にいうと、外部に同盟者がいて救援に来てくれればもっともよいが、〈敵の敵は味方〉ということで、相手方に別の敵対勢力があって背後を脅かしてくれても大いに効果がある。あるいは相手陣営の分裂が見込めるならば、それでもけっこうである。氏康の二度の籠城作戦にはそうした条件があったが、息子の氏政の場合には、それが欠けていた。

もっとも氏政は、徳川家康と伊達政宗の応援を期待していた。ずっと同盟関係にあった家康は、この時点では、すでに秀吉に服属してしまっていたが、また寝返ってくれるのではないかという一抹の望みを持ち続けたようである。もちろん、そうした事態は起きなかった。政宗とも同盟していたが、彼もまた期待を裏切って秀吉に降伏してしまった。

結果からいえば、いや結果論でいうまでもなく、氏政にしろ氏照にしろ、情勢の読みが甘かったことは否めない。彼らがとことん秀吉と争うつもりであったならば、小牧の戦いのときに、もっと積極的に信雄《のぶかつ》・家康側を支援すべきであっただろう。関東の反北条勢力との対応に追われて、なにもできなかったというのが北条側の言い分らしいが、対応が生ぬるかったことは否定できない。

第十三章　「後ろ向きの予言者」たちの語る歴史

——石田三成と関ヶ原の戦い

石田三成は〈負けるべくして負けた〉のか

関ヶ原の戦いについては、徳川家康は勝つべくして勝ち、石田三成は負けるべくして負けたという類の議論が、今もって跡を絶たない。この途方もなく巨大な事件を満遍なく論ずるわけにもいかないので、ここでは、こうした見方が本当に当たっているのかどうかという点に焦点をしぼって考えてみたい。

家康が勝つべくして勝ったというのは、彼があらかじめ筋書きを立てて、そのとおりに手を打ち、それがことごとく当たったということである。こうして次から次へと妙手を連発する家康に対して、三成のほうは悪手の連続で自滅してしまったというのが、このような議論をする人たちの主張であるが、現実にそんなことがありうるだろうか。

こうした考え方については、すでに徳富《とくとみ》蘇峰《そほう》翁が『近世日本国民史』のなかではっきり否定している。関ヶ原については、結果をふまえて、かれこれと議論を立て、一切の事件について、あたかも劇作家が脚本に書きおろしたことが、そのまま実演されたかのように思っている者がたくさんいるが、そんなものは活《い》きた世間の活きた舞台の活動というものを理解できない書斎のなかの狭い見方でしかないというのである。これは関ヶ原だけではなく、歴史一般の見方に通ずるところかもしれない。

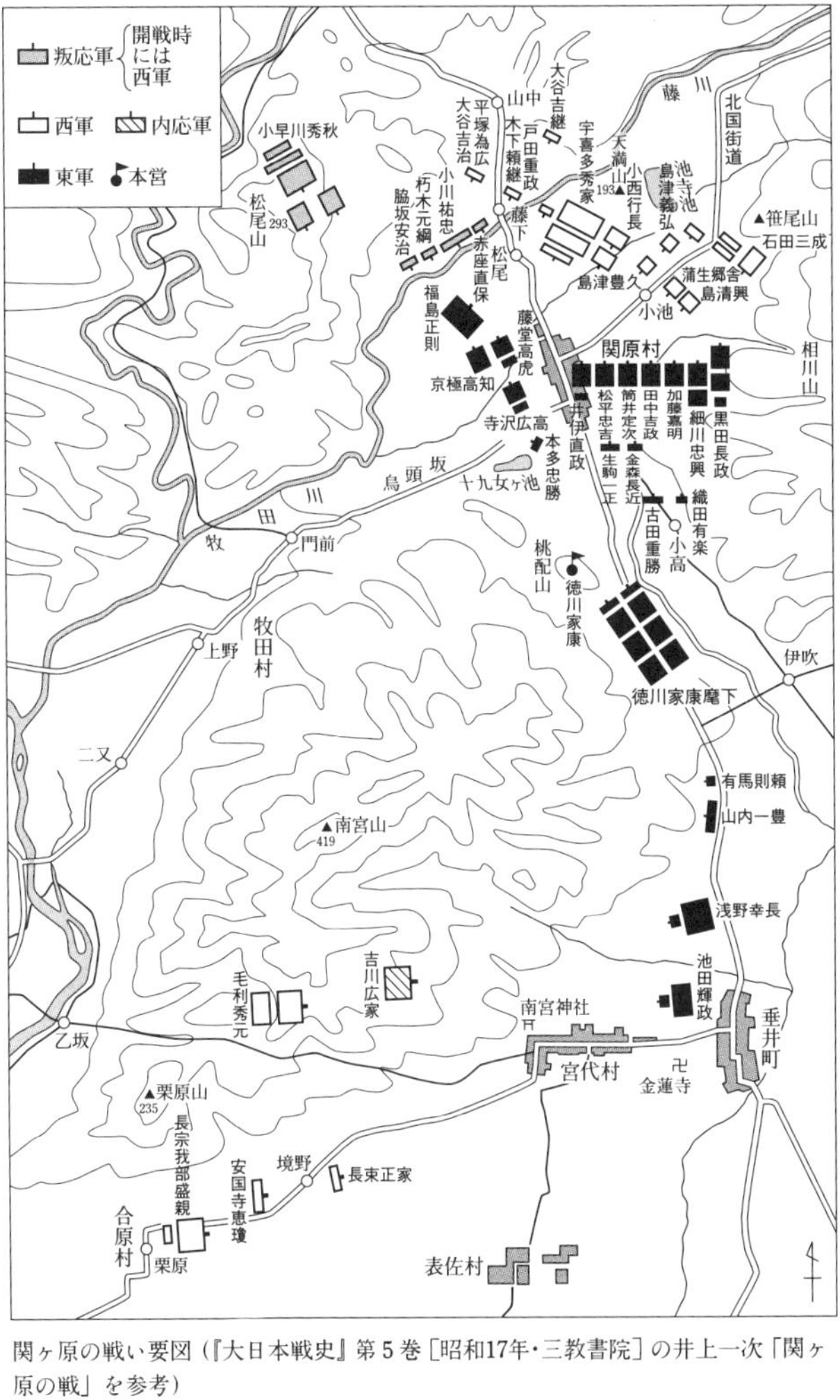

関ヶ原の戦い要図(『大日本戦史』第5巻［昭和17年・三教書院］の井上一次「関ヶ原の戦」を参考)

そもそも三成は家康にくらべれば地位も低く、勢力もはるかに小さく、本来ならまともに相手になれるような存在ではなかった。よく引かれるたとえだが、豊臣政権内での家康の立場が吸収合併された大企業の元オーナー社長で、現在も実力派の副社長のようなものであったのに対し、三成はせいぜい本社の企画部長くらいの格でしかなかった。

その三成が終始おかしなことばかりやっていたのだとしたら、最初から勝負にもなにもなるものではない。そもそも彼がその程度の人間であったならば、西軍の事実上の盟主となって諸侯を糾合《きゆうごう》することなどできるはずもなかったであろう。

あるいは、〈家康信者〉の人たちは、それもこれも家康の画策であって、三成は操られていただけだといいたいのかもしれないが、現実の戦いは、むしろ西軍優位のままギリギリの段階まで進むような形になってしまった。そうなった理由の一つは、格下の三成が構想力、企画力、組織力などの面で家康よりもすぐれたものを持っていたからである。

西軍の挙兵と家康神話との距離

家康は早くから天下取りに向けた布石をしていたというのが通説である。三成ら西軍が挙兵したのも、家康の策略に乗せられたからだというのも、やはり通説である。

家康は、天下取りのためには、豊臣政権内でことを起こさねばならないと考えて、まず加賀

(石川県)の前田家をターゲットに選んだ。この家に謀反の疑いがあるとして、討伐をかけようとしたが、利家の子の利長は陳弁につとめ、実母を人質として江戸に送るようなことまでしたため、家康もいったん振り上げた拳をおろさざるをえなかった。

前田家にかわされた家康が次に狙ったのは、会津(福島県)の上杉景勝である。この家は先代の謙信以来、武勇を看板にしてきたようなところがあるから、甥で養子の景勝も売られた喧嘩は買ってやろうじゃないかとばかり、重臣の直江兼続《なおえかねつぐ》とはかって応戦準備を始めた。家康が侵入してきたら、どこでどうやって討ち取ってやるという計画まで立てたという。

家康は、自身の部下だけではなく、豊臣系の諸将をも大勢引き連れて、上杉討伐に出発したが、彼が下野《しもつけ》(栃木県)小山《おやま》に至ったとき、三成ら西軍が上方《かみがた》で挙兵したという知らせがあった。わざと隙を見せた家康の策謀に、三成以下まんまとはまってしまったというのが従来の通説である。したがって、家康側からすれば、してやったりの思いでニンマリしたはずで、そう解している人も多いが、事実はかなり違っていたようである。

家康の侍医だった板坂卜斎《ぼくさい》という人がいて、当時の詳しい日記が残っている。それによると、上方はすべて敵になり、前面には上杉勢がいるというようなことで、家康はすこぶる機嫌《きげん》が悪かったとはっきり記されている。

家康が落ち込んだ理由が西軍の挙兵を明確に予測していなかったからなのか、予測してはいたものの、西軍の勢力が予想をはるかに超えていたからなのか、その点はわからない。だが、客観的に考えれば、彼が通説にいうような有利な立場にはいなかったことは明らかである。なにしろ、〈旗印〉となる豊臣家の当主秀頼は相手側に抱え込まれているし、天皇も向こう側にいるのだから、それだけでも大変なハンディであった。

西軍の名目上の盟主となった毛利輝元の家臣に玉木吉保という者がいたが、その覚書を見ると、西軍の必勝を確信していたことがうかがえる。これは別に吉保に立場上の偏見があったとか、時勢に暗かったとかいうことではなく、一般的な観測だったのだろう。小山の家康陣営のなかでも、これで徳川も終わりだと考えた者が多く、下々《しもじも》の連中の間では、うちの主人はぜひ西軍に付いてもらいたいものだという思いが強かったという。

例の大久保彦左衛門にも、それに類する話がある。戦後のあるとき、彼が駿府へご機嫌伺いにゆくと、家康は久しぶりだといって四方山話《よもやまばなし》をした。そのなかで関ヶ原のことに触れて、あれこれ自画自賛《じがじさん》的なことをいったらしい。退屈した彦左衛門は、下野小山の御陣で西軍が挙兵して上方一円敵になったと聞いたとき、君のお顔色が青くなりましたな、諸将も妻子が人質にされたというので真っ青になりましたが、このように太平に治まり、青いお顔色も直られ、まことに御運強く、めでたいことでございますなといった。

家康も笑って、彦左衛門もう帰れといったというが、彦左衛門が家康の直臣となったのは、ずっと後のことであるから、おそらく誰かが彼に仮託してつくった話であろう。そうであっても、あのとき家康が窮地に陥ったことは、江戸時代においても、知る人は知っていたということである。後世の〈家康神話〉とは違う世界がそこにはある。

家康を救ったもの

下野小山の陣営で窮地に陥った家康をさしあたり救ったのは、彼の機略でも、直属の部下の働きでもなく、豊臣系諸将の思いがけない動きであった。

本来であれば、主君の秀頼も向こう側にいるのだし、妻子を人質にとられてもいるのだから、積極的に西軍に加わらないまでも、彼らが家康から離れるのが自然というものである。それがそうならなかったのは、〈成り行き〉というほかはない。

その口火を切ったのは、秀吉子飼いの福島正則である。彼が家康側に付くと宣言したのがきっかけとなって、豊臣系の諸将はナダレを打つように東軍に加わることを表明した。山内一豊などは居城を提供すると申し出る有様で、他の連中もこれに追随した。

大久保彦左衛門は、あのとき正則と池田輝政の二人が首を横に振っていたら、家康はとても西上などできなかっただろう、それでも輝政の場合は、家康の婿だったのだから当然といえば当然だが、正則の忠節は比類がないといっている。これは、その著「三河物語」にあることで、前の話とは違って創作の疑いはない。正則は尾張清須（愛知県西春日井郡清洲町）、輝政は三河吉田（愛知県豊橋市）という東海道方面の要地を居城としていた。

正則の徳川家に対する忠節は、豊臣家に対する裏切りにほかならない。薩摩島津家の家臣の覚書にも、清須の福島左衛門大夫（正則）という人が心変わりして家康に内通したと記したものがある。正則は、故主の秀吉、その遺児秀頼に対しては強い忠誠心を持っていたが、三成に対する個人的感情からこうした態度に出たのだといわれる。それなら中立を標榜《ひょうぼう》するだけでも足りるものを、そのときの気まぐれから家康に加担してしまったのかもしれない。

正則は居城を家康に渡すといったが、彼が戻らない間に西軍はこれを接収しようとした。正則の舅《しゅうと》の津田繁元は、それに応じようとしたが、重臣の大崎長行が強く反対して押しとどめた。尾張藩四代藩主の徳川吉通は、軍学に関心の深かった人だが、長行が清須城を渡さなかったことが、東軍「勝利の根元」だったと、しばしば語っていたという。

秀吉が東海道筋に正則ら子飼いの連中を配置しておいたのは、もちろん家康の西上にそなえるためであった。ところが、彼らはことごとく城を家康に献じてしまった。正則のごときは、代官として保管していた豊臣家の兵糧米まで差し出したといわれる。こういうことは、秀吉はもちろん、家康にしろ三成にしろ、あらかじめ読めるような話ではない。

余談であるが、これと同じようなことが二百数十年後の徳川体制崩壊の際にも起きている。

西の勢力の東上にそなえて、家康以来、東海道・中山道《なかせん》の要地に配置しておいた親藩、譜代など、どの一藩として〈官軍〉の進撃を支えようとはしなかった。

御三家の尾張徳川家も例外ではなく、東海道・中山両道を押さえる位置にいながら、いち早く敵側についてしまった。尾張徳川家は、初代義直以来、「尊王」をモットーにしていたといわれるし、将軍の座をめぐって、本家との間になにかと微妙な問題を生じたこともある。だから、それなりの言い分はあるのかもしれないが、大崎長行の清須守衛を絶賛した徳川吉通がこれを見たら、なんと論評しただろうかという興味はある。

長篠の再現になりかねなかった決戦

慶長五年（一六〇〇）九月十五日の決戦についても、家康の謀略の成功という形で説明するのが、従来の通説の態度である。

戦いの直前まで、西軍の主力は美濃大垣城（岐阜県大垣市）に集結していたが、城攻めになっては面倒と考えた家康は、謀計を施して彼らを野外に引き出し、関ヶ原で撃滅してしまったというのである。かつて家康自身が武田信玄のために浜松城から釣り出されて、三方原で大敗した教訓を活かしたのだなどと、もっともらしく解説している人もいる。

大垣を出て関ヶ原に展開した西軍が大敗したことは事実であるが、それは初めから決まっていたことではない。すでにわかっている結果から遡っていって、あたかもそれが必然であったかのような説明をするのは、「後ろ向きの予言」というものである。

長らく信じられてきたこの話も、〈家康神話〉の一つにすぎなかったことは、最近、藤井尚夫さんや藤本正行さんが明らかにしている。ことに藤井さんは、自身のフィールドワークの成果をふまえて、西軍の関ヶ原への転進がにわかの思いつきでも、まして敵の計略に引っかかったからでもなく、予定された行動であったことを明快に説明されている。

両軍の兵力については諸説あるが、一般には関ヶ原に出た西軍は八万余りと見られている。このうち小早川隊など約二万は戦い半ばで東軍に寝返り、毛利勢など約二万八千は戦闘に参加することなく傍観に終始したから、正味は三万三千くらいのものであった。これに対し東軍は、後方で西軍の牽制に当たっていた部隊を除いても、七万五千余りはあったとされるから、開戦に当たっては倍以上の兵力差がついていた。

これなら最初から勝敗は決まっていたようなものだが、それがそうはならず、当日の午前中は、むしろ西軍のほうが優勢であった。石田、島津、小西、宇喜多《うきた》、大谷などの諸隊の抵抗により、多勢の東軍は彼らの戦線を突破することができず、とかく押され気味となっていたのである。通説とは違って、それだけ西軍の戦意が高かったということであるが、併せて彼らがあらかじめ用意していた野戦築城の効果が大きかったからである。

戦場の地形を見れば明らかなように、石田三成らの受け持った平地部分には、当然、東軍の攻撃が集中することが予想されたが、西軍は、あらかじめここに防御工事を施していて守り切った。それだけではなく、彼らは第二線の陣地も用意しており、持久戦の準備も十分であったことを藤井さんは指摘している。

野戦築城ということで思い出されるのは、あの長篠の戦いであるが、関ヶ原も、あのまま推移していれば、その再現となっていたであろう。もちろん、織田・徳川軍の立場にあったのが西軍で、武田軍の立場に立たせられたのが東軍である。相手の計略にはまったのは、石田三成の側ではなく、徳川家康のほうであった。

それがなぜ一転して東軍の勝利になったのか、答えは簡単で、西軍に裏切り者が出たからである。そのことは次に述べるが、〈家康信者〉のなかには、それでは満足できない人がいて、あれこれ珍説奇論を並べているような例がある。たとえば、家康が西洋式甲冑を着けて陣頭に立ったことが勝利につながったようなことをNHKの歴史番組でやっていたが、それなら、三成の敗因は、西洋式甲冑を用意しなかったことなのかと聞きたくなる。

小早川の裏切りと毛利の傍観

下野小山で進退きわまった家康を救ったのは、福島正則の〈裏切り〉だったが、決戦当日、家康を窮地から救い出したのは小早川秀秋の裏切りであった。事前に敵方に加わった正則とは違い、こちらは戦い半ばに味方を背後から襲うという正真正銘の裏切りだった。

秀秋は秀吉夫人の甥であるが、事前に家康に内通していたから、裏切ったのは当然であるといえばいえる。そこから、それだけ家康は周到な準備をしていたのに、三成はなんともうかつであったというような議論をする人が昔から大勢いる。

だが、秀秋は午前八時ごろ始まった戦闘が正午に及んでも、なお行動を起こそうとはしなかった。三成側でも、その盟友の大谷吉継などは早くから秀秋の態度が怪しいことに気づいていたし、三成もあれこれ好条件を提示して秀秋を釣ろうとしていた。それで秀秋も容易にふんぎりがつかなかったのであるが、秀秋の決断いかんによっては、彼がそのまま西軍にとどまって、東軍と戦うといった事態もありえないではなかった。

毛利勢の不戦傍観も、勝敗を決める大きな要因となった。小早川の裏切りに比べると、内容はもう少し複雑で、毛利一族で吉川《きっかわ》元春の息子の広家という男が事前にあれこれ工作して、そういう運びにしてしまったのである。だから、毛利軍を率いていた毛利秀元も知らされていなかったし、長宗我部《ちょうそかべ》盛親や安国寺恵瓊《あんこくじえけい》などの部隊も事情がわからないまま、前方の吉川広家隊が動かないために、戦闘に加わる機会を失ってしまったのである。

広家は、戦後自分の行動を弁明して、家康が勝ちそうだと見たから毛利家安泰のためにやったことだといっている。だが、当時の状況では、家康が勝つためには、少なくとも毛利勢が動かずにいて、戦闘に加わらないことが必要だったのであるから、本末転倒した議論にすぎない。しかも、広家は根まわしをきちんとやっていなかったために、危うく家康に毛利本家を取り潰されるところだったのだから、先見もなにもあったものではない。

こうして眺めていて気づくのは、小早川の裏切りと毛利の傍観は相関関係にあって、一方がなければ他方もありえなかったということである。毛利隊など約二万八千が最初から戦闘に加わっていたら、緒戦段階で西軍の圧倒的優位が確定してしまう。そうなれば、小早川秀秋にしたところで〈勝ち馬〉に乗らざるをえなかっただろう。

逆に、小早川隊など約二万が西軍のために働いていたら、やはり西軍の勝利は動かないものとなっただろうから、毛利勢なども傍観を続けてはいられなくなっただろう。ことに東軍の退却が始まれば、当時の武士たちにとっては絶好の〈稼ぎ場〉となる。戦意を失って逃げる敵や置き残された負傷者の首を取るのが、もっとも楽な功名の立て方だったのだから、吉川広家が声をからして制止したところで、われがちに駆け出してしまったに違いない。

小早川の裏切りも毛利勢の不戦観望も、あらかじめ家康が仕組んでおいたところであるとして、家康の遠謀深慮を褒めたたえる人がいまだに絶えない。だが、現実の家康は、いつまで経っても裏切ってくれない小早川秀秋にいら立って、爪を嚙まなければならなかった。爪を嚙むのは、ピンチに陥ったときの家康の癖である。

毛利の動きにしても、吉川広家が約束を守ったところで、事情を知らない他の連中をいつまでも引きとめておける保証はないのだから、気が気ではなかっただろう。こんな事前に読みきれないような不確定要素にすがって作戦を立てていたのだとしたら、家康もずいぶん能天気な人間だったといわねばならないが、そういうことではあるまい。

いずれにせよ、徳川の天下は〈裏切り〉によって確立したが、その息の根を止めたのも〈裏切り〉だった。慶応四年（一八六八）の鳥羽・伏見の戦いで旧幕府軍は緒戦で敗退したものの、巻き返しのチャンスは十分残されていた。それを潰したのは、有力な拠点となる淀城を擁していた譜代藩の稲葉家が城門を閉ざして旧幕府軍に利用させなかったこと、山崎の要衝を守っていた津藩藤堂家の軍隊が突然横合いから味方を砲撃するという挙に出たことであった。

関ヶ原の戦いと結果論

歴史家・歴史学者は、大体において結果論者であるし、そのうえ僥倖《ぎょうこう》やツキで物事を説明するのを恥辱と心得ているようなところがある。そのため、明智光秀だの石田三成だの失敗した人間については、どこまでも採点が辛くなるし、秀吉だの家康だのといった成功者に対しては、アバタもエクボ式の評価が横行することになる。

関ヶ原などはその典型的なものだが、この場合には、〈徳川様御用達史観《ごようたしかん》〉の名残りのようなものがいまだにあるので、なおさら厄介なことになる。さすがに、石田三成は謀反人であるとか、悪人であるとか主張する人はいなくなったが、もともと家康などに敵すべくもないつまらない人物であったという類の見方は、今日でも跡を絶たない。

一部の人がいうように、三成が不世出の大人物であったかどうかは別として、彼が一般にいわれる程度の小物だったとしたら、家康はなぜ決戦の場で爪を噛むようなことになってしまったのだろうか。つまらぬ奴を相手に苦戦しなければならなかった家康のほうが、よほどつまらぬ男だったといえるのではあるまいか。

こちらも、ある程度結果論を承知でいわせてもらうならば、家康には、たしかに三成よりすぐれたものがあった。それは地位と声望と、なによりもツキであった。かつて菊池寛は、三成に前田利家くらいの位置があったら、徳川の天下は実現しなかったかもしれないといったが、五大老の筆頭で所領約二百四十万石の家康と五奉行の一人で二十万石足らずの三成とでは、余りにも開きがありすぎた。

声望にしても、三方原で〈軍神《いくさがみ》〉のような武田信玄に果敢に挑戦したとか、小牧・長久手で秀吉にひと泡ふかせたとかされる家康に対して、忍城《おし》で失敗したような三成では、とても勝負にならない。三方原や小牧の戦いで得た家康の盛名が虚名にすぎないこと、忍城攻めの失敗が必ずしも三成の責任でなかったことは、すでに説明したとおりだが、そういうことは昔も今も世間の人にはわかりにくい。

ツキの大小に至っては、改めていうまでもないだろう。本能寺の変後の明智光秀もそうだったが、挙兵後の石田三成についても、〈無いものねだり〉や〈揚げ足取り〉をして、対応のまずさを批判する声が今もって絶えない。だが、よく検討してみれば、戦略的にも戦術的にも三成の側が決定的な誤りを犯しているような事実は見当たらない。

強いていえば、家康との対決が避けられなくなった後、さっさと家康を暗殺してしまえという謀臣嶋左近（清興）の進言を採用しなかったことが最大の失敗といえばいえるかもしれない。嶋は三成が四万石の身代だったころ、半分の二万石をやって抱えたという伝承のある男で、どんな手を使ってでも家康さえ始末してしまえば足りるという、いかにも有能な戦術家らしい明快な対応を考えた。だが、名分にこだわる三成は、そこまで割り切れなかったのである。

それ以外にも、まったく過誤がなかったわけではないが、それをいうなら、妙手を連発していたとされる家康だって同じである。そもそも自分の地位、声望を過信して三成の能力を過小評価したのが最大の読み誤りだったともいえる。三成は、家康との格差を埋められるだけの才幹を持っていた。そのため、どちらが勝ってもおかしくないところまで行ってしまったが、決着をつけたのは両者のツキの差であった。

第十四章　戦国最後の合戦の裏表

——真田幸村と大坂の陣

大坂方の敗北は必然だったのか

戦国の世の締めくくりとなったのは、元和元年（一六一五）五月の大坂落城であった。江戸時代の人たちは、この事件を指して「元和偃武《げんなえんぶ》」（偃武＝武器を伏せる＝戦いをやめる）といっていた。当時から、これで戦乱の時代が終止符を打ったと感じられていたのである。

後世の目で大坂の陣を見ていると、天下はとっくに徳川家のものになっていて、どうあがこうと大坂方に勝ち目はなかったように思える。肝心の作業はすべて終っていて、大坂城の攻略などは、仕上げのお掃除にすぎなかったという感じである。

ご存じのとおり、大坂の陣というのは、一度でカタがついたわけではなく、まず慶長十九年（一六一四）に「冬の陣」があった。徳川家によって追い詰められたと感じた豊臣家が挙兵し、大坂城に立てこもったのである。城方の集めた人数は、十万はあっただろうといわれている。対する家康のほうは、約二十万の兵士を動員し、多数の火砲なども用意して包囲したが、日本一のこの巨城を一気に落とすことはできなかった。

年末になって、いったん和議が成立したが、このとき徳川方は城方を欺いて、本丸を除く城の堀をことごとく埋めてしまったため、〈裸《はだ》か城〉となってしまったというのが通説である。そのため翌慶長二十年（元和元年）「夏の陣」で戦闘が再開されたときには、大坂方は城から打って出て絶望的な戦いを挑まざるをえなかったというのが、これまた通説である。現実にも、戦闘は短時日で終り、淀殿と豊臣秀頼の母子は自殺して、豊臣家は滅亡した。

こうした経緯を眺めてゆく限り、まったく通説のいうとおりで、大坂方の敗北は、初めから

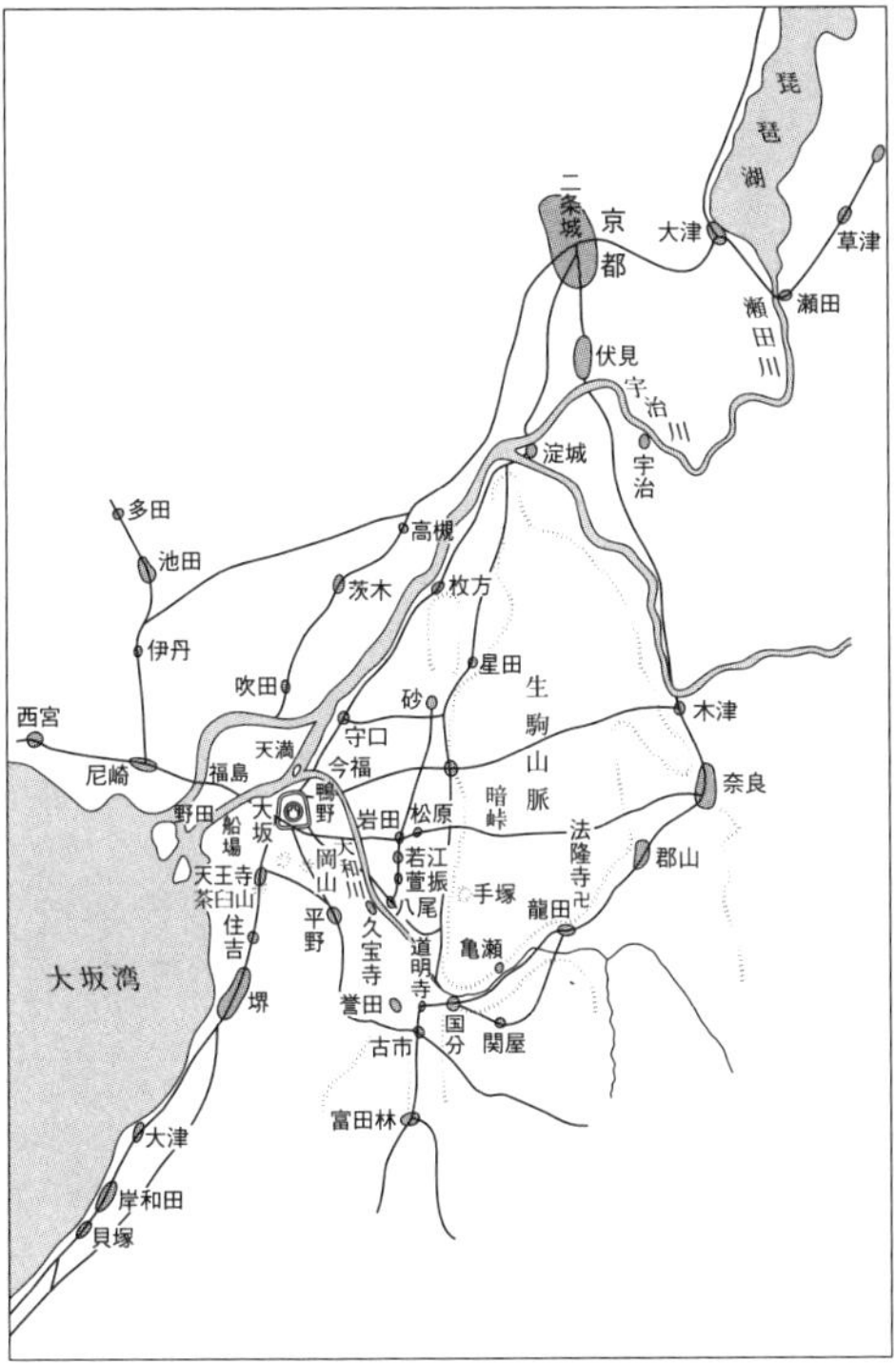

大坂の陣要図（陸軍参謀本部『日本古戦史講話集』［昭和５年・偕行社］を参考）

決まっていたようなものだといえるが、本当にそうだったのだろうか。ここまでのところでも、さんざん通説に楯突《たてつ》くようなことばかりいってきたので、またかと思われそうだが、この通説にもやはり疑問がありそうである。

大坂方には、まったく勝機がなかったのかということもそうだが、それとともに、徳川家の立場は、広く信じられているほど磐石《ばんじゃく》だったのだろうかということがある。ここにも〈徳川様御用達史観《ごようたしかん》〉の影響が残っていて、後世のわれわれは、いまだにだまされているのではないかという気がする。

豊臣家の立場・徳川家の立場

戦闘において勝機があったかどうかといった点は後回しにして、まず両家の置かれていた立場から考えてみたい。一般には、徳川の天下は完全に固まっていて、付け入る隙などなかったと考えられている。実際にも、大坂方の勧誘を受けた諸大名は、秀吉に取り立てられたような者たちを含めて、誰一人として応じようとはしなかった。中には、徳川家へのオベッカのため、豊臣家の使者を切り捨ててみせたような家まである。

結局、大坂城に集まったのは、豊臣家直属の将士を別にすれば、関ヶ原で敗れて領地を失った者、その後家を潰された者、主人と衝突したり見限ったりした者といった落伍組、不平党の連中やキリスト教徒のように世に容れられない者たちであった。

　これでは誰が見ても、万に一つも大坂方に勝ち目があったとは思えないが、当時の感覚では必ずしもそうではなかったらしい。表面は徳川家に従った大名たちのなかにも、〈保険〉をかけたような例がいくつか見られるからである。たとえば、毛利家は有力な家臣たちを浪人させて送りこんでおり、大坂方勝利の暁には、中国地方の旧領を取り戻すはずだった。加賀の前田家その他にも、似たような事例がいくつかある。

　こういうことが起きたのは、豊臣家の地位が一般にいわれるほど低落したとは見られていなかったからではなかろうか。徳川幕府の成立に伴って、豊臣家は一地方大名に成り下がってしまったといわれてきたが、最近の研究では、これを否定するような説も出ている。

　たしかに、家康は征夷大将軍となって「武家」の世界での棟梁《とうりよう》となったが、これと並んで朝廷をめぐる「公家《くげ》」の世界がある。秀吉も征夷大将軍にはならず、公家のトップである関白になっていたが、そちらの世界では、豊臣家は依然として徳川家に拮抗《きつこう》する存在だったというのである。家康が豊臣家を挙兵にまで追い込んだのも、秀頼が関白になってしまわないうちに始末しなければ大変だと考えたからだという解釈もある。

　これは政治レベルでの話だが、戦略・戦術といった軍事レベルで考えても、最初から大坂方必敗と決まっていたわけではない。兵力の点だけを見ても、冬の陣では攻撃側の約半数を集めているが、強固な要塞に加えて、これだけの人数があれば、防衛側のほうが断然有利であることは、当時の〈常識〉のようなものである。問題は、十分な武器・弾薬、食糧があったかどうかということだが、その不安は、攻める側も同様であったろう。

夏の陣でも、両軍の兵力は冬の陣とほぼ同様と見られているが、今度は野戦であるから、城方の不利は、はっきりしている。それでも城方は、まだ勝ち目はあると考えていたようだし、実際の戦闘でも大逆転の起きかねない場面があったのである。

当時の情勢の見通しを不確実なものとする要因は、徳川家の側にもあった。徳川の天下が一見磐石であるかのように見えたのは、創業者の家康が健在だったからで、彼に万一のことがあれば、たちまち瓦解しかねないところがあった。その家康もすでに七十歳を超えていたのだから、いつ死んでもおかしくはない。本人もそれを自覚していたから、豊臣潰しを急いだのだろうという観測も昔から行われている。

家康は、大坂落城の翌年、鯛の揚げ物に食傷したのが原因で発病して死んでしまう。その時点になっても、戦国生き残りの連中などは、家康の死によって、また天下が混乱することを懸念していたようである。その一人にもと常陸の大名で、関ヶ原のとき西軍寄りの姿勢を見せたため、出羽に移封された佐竹義宣《よしのぶ》がいる。彼は家康死去の前後、江戸にいたようだが、明らかにそうした混乱にそなえるためと見られる指示を国元に与えている。

真田父子と大坂

冬夏両陣を通じて、大坂方でもっとも活躍した人間を一人挙げろといわれたら、衆目の推すところ、「真田幸村《さなだゆきむら》」ということになるだろう。そこで彼の活動を中心に、大坂方に勝機はあったのかどうかという問題を考えてみよう。

幸村は、もと信州上田（長野県上田市）の城主だった真田昌幸の次男だが、実は「幸村」という名前ではなかった。たしかな史料によれば「信繁」といったのだが、幸村で有名になりすぎて、後には真田家の人たちまでそのように呼ぶようになってしまった。そういう次第なので、ここでも「幸村」ということで話を進めることとしたい。

父親の昌幸は、もともとは武田の家臣で信玄にも可愛がられた男だが、武田家滅亡後、次々と主家を変えた。一時、徳川家康に属したこともあったが、所領のことで仲たがいして一戦交える羽目となり、徳川勢を撃ち破った。それ以来、両者は犬猿の仲となった。

関ヶ原のときには、東軍に属することを主張する長男の信幸（信之）を徳川方にとどめ、自分は幸村とともに居城の上田に帰った。ここで家康の息子秀忠率いる東軍の別働隊三万八千をわずかな人数で食い止め、ついに関ヶ原の決戦に間に合わさせなかったことは有名である。そのため、西軍が敗北すると、当然殺されるところだったが、信幸が奔走して、自分の功績に代えて二人の助命をはかったので、高野山に配流《はいる》されることでおさまった。

昌幸は、高野山麓で十年余りを過ごして、慶長十六年（一六一一）に死んだが、臨終に当たって、豊臣家を守り立て徳川勢を撃ち破る〈秘策〉を幸村に語り残したという、これもよく知られた話がある。

その内容は、伝えるところによって少しずつ違うが、昌幸が若干の兵を率いて、美濃（岐阜県）の関ヶ原か伊勢（三重県）の桑名辺りまで出ていって西上する関東の大軍を牽制するというのが前提である。その後も術策を重ねて関東勢を支えているうちに、大坂方有利という評判が立てば、東西どちらに付こうかと思案している者はもちろん、いったん関東方に従った者も、こちらに従うだろうから、形勢は一変するだろうというのである。

わしは老巧で実績を積んでいるから、この計略も採用されるだろうが、お前の才知はわしにまさっていても、名声がないから人がついてこないだろうと幸村にいったというオマケもついていて、話としてはおもしろいが、事実ではない。最近の研究では、晩年の昌幸は、往年の気力も失せて、ひたすら赦免を願うだけの老人になっていたらしい。また、〈秘策〉の中身にしても、関ヶ原あるいは桑名に出てゆくといったところで、途中には徳川方の城塞がいくらもあるのだから、頭から実行不可能なものでしかない。

それから三年後の慶長十九年、いわゆる「東西手切《てぎ》れ」に当たって、幸村は大坂に入城する。

俗説では〈軍師〉として招かれたといわれているが、川中島の箇所で山本勘助についていったように、この時代には軍師というポストはないし、実際にも幸村が参謀長的な役割を与えられたという事実はない。あらかじめ大量の金銀を与えられるなど、かなりの好条件であったには違いないが、その立場は、あくまでも一種の〈傭兵隊長〉であるに過ぎなかった。

幸村の入城と献策

幸村が大坂方の勧誘に応じたことについては、豊臣家に対する一片の義心ということが、昔からよくいわれるが、幸村にしろ父の昌幸にしろ、どこまで豊臣家に愛着を感じていたかは不明である。兄の信幸は、軍制や民制について、かたくなに武田氏時代の遺法を守り続けたといわれるが、この一族には、豊臣の臣でも、まして徳川の臣でもなく、武田の遺臣であるという思いが強かったのではないかという気がする。

前途に望みもないまま四十八歳にもなり、生活も苦しくなっていた幸村が〈死に場所〉を求めたのだろうという解釈もある。本人もそれらしい心境を披瀝《ひれき》したことがあるが、豊臣勝利の目がまったくないとまで考えていたかどうかはわからない。

真田が大坂に入ったと聞かされた家康は、それは「親（昌幸）か子（幸村）か」と重ねて問い返し、板戸にかけた手がふるえて、戸がガタガタと鳴ったが、親はすでに死んで、入城したのは倅《せがれ》のほうだといわれて、やっと少し落ち着いたようだったという。これは信幸の子孫の松代《まつしろ》真田家に伝えられた話であるが、真偽はともかくとして、この一族の抱いていたある種の〈気分〉を物語るものではあるに違いない。

昌幸の〈秘策〉は史実ではないが、幸村も大坂入城後、一つの戦略を提案したといわれている。これも史料によって多少内容が違うが、後詰《ごづ》めの当てもないのに、初めから大坂城に閉じこもるべきではないと主張したというところは共通である。伏見城、二条城など徳川方の拠点を攻略して京都を押さえ、宇治、瀬田などの守りを固めれば、大坂に心を寄せている者はもとより、どちらに付こうか迷っている者も、こちらに味方するだろうというのである。もと黒田家の重臣で勇名の高かった後藤又兵衛（基次）も似たようなことを主張したといわれている。

どこまで事実かわからないが、彼らがこういうことを主張したとしても不思議ではない。小田原攻めのところで見たように、籠城作戦そのものは成功したとしても、城の外に〈味方〉をつくらない限り、それ以上の展望が開けることは絶対になく、いずれは滅亡に追い込まれる。籠城で持ちこたえているうちに、家康が死んでくれれば別だが、そんな僥倖《ぎようこう》は頼めないというのであれば、積極策に出て大坂方の〈評判〉を高め、敵方の動揺を誘って、分裂させる以外に方法はないのである。

諸大名のなかには、進んで城方に付こうという者は一人もいなかったが、同情的な目で見ている者、多少日和見《ひよりみ》気分でいる者がいたことは、幸村の言葉にもあるとおりである。それが前にいった〈保険〉行為につながったといえるが、城方の優勢が誰の目にも明らかとなれば、そうした連中から切り崩せる可能性も出てこないではない。

大坂方有利をアピールするためには、瀬田川・宇治川の線、南方の生駒《いこま》山脈の線などで東軍を支えて、簡単に城を囲ませないようにする必要がある。さらに京都を押さえたならば、朝廷を擁して家康追討の勅書を出してもらう政略でも考えれば、けっこうおもしろいことになったかもしれないが、いずれにせよ、彼らの献策は採用されなかった。

不採用になったのは、徳川方のスパイとして入り込んでいた小幡景憲が昔から宇治・瀬田を守って成功した例がないと主張したからだといわれている。景憲が本当に城中にいたかどうかは疑問だが、たしかに宇治・瀬田に限らず、河川を当てにしての防衛は、単線配備にならざるをえないため、どこか一点を突破されると崩れやすい。だからといって、この場合、最初から大坂城に居すくんでしまったほうがよいということにはならない。城方の上層部に活眼のある人間がおらず、幸村や基次は、しょせん新参の客将にすぎないから、せっかくの献策も役に立たなかったのである。

冬夏、幸村の戦い

大坂城は堅城であるが、北側は大和川一筋を隔てて、直ちに本城となっている。当然、東軍もそこに目をつけて攻撃をかけているが、この方面は多くの人数を動かすには適していない。大軍を展開しようというなら、南方以外にはなく、実際にも東軍は、家康・秀忠父子の旗本勢を含め、この方面に大兵力を集中している。

築城者の秀吉にも、そんなことはわかっていたから、南側には堅固な塁濠を設けてあったが、それでもなお不十分だというので、新たに出丸を設けた。これは幸村が発議したといわれ、自ら希望してこれを守ることとなったので、「真田丸」（大阪市天王寺区）と呼ばれた。

幸村は、ここに加賀の前田を初めとする東軍の諸隊を引き付け、大きな損害を与えたことがある。これは鉄砲を駆使しての勝利で、相手側の前田家の史料には、銃眼一個ごとに六挺の鉄砲が配置されていたとある。幸村は、鉄砲を重視していたようで、翌年の夏の陣でも、足軽ばかりか士分の者にまで鉄砲を持たせ、切れ目なく撃たせたので、東軍に多くの死傷者を出したと記しているものもある。また、そのとき家康が兜の鍬形《くわがた》を撃ち折られたが、その兜がずっと江戸城内の東照宮に保存されていたという話もある。

その夏の陣では、すでにいったように城方が塁濠を当てにできなくなったため、いきおい野戦を選ばざるをえなくなった。といっても、自暴自棄《じぼうじき》的に突出したわけではなく、それなりの〈戦略〉はめぐらされた。幸村が冬の陣のときと同じく、京都を急襲して押さえ、宇治・瀬田を守って戦うよう主張したという話もある。彼と同じ客将である後藤基次や長宗我部《ちょうそかべ》盛親が賛成したが、首脳部が同意しなかったというところも同じである。

結局、城の南方で決戦しようということになったが、東軍がそこへ集結する前に生駒山脈の隘路《あいろ》である国分《こくぶ》（大阪府柏原市）付近で叩こうという作戦が立てられた。これが成功していたら、かなりの効果があっただろうが、濃霧のせいもあってか城方諸隊の行動が一致せず、先に出て行った後藤基次が戦死するという結果に終っている。

戦機に遅れた幸村は、誉田《こんだ》（大阪府羽曳野市）付近で東軍を迎え撃って食い止めた。彼の部隊は、武田家の伝統を受け継いでか、「赤備え《あかぞなえ》」と称して、全員の軍装を赤色で統一していたので、「つつじの花の咲き乱れたるように」見えたと東軍の越前松平家の重臣が書き残している。結局、東軍がそれ以上迫ってこないので、幸村隊が殿《しんがり》となり、関東勢は百万いても男は一人もいないのかとタンカを切りながら、城方は次第に引き揚げた。

これが五月六日のことで、翌七日が幸村最後の決戦となるわけであるが、この時点では城方もすっかり落ち込んでいたかというと、そういうわけでもない。城方の指揮官の一人大野治房がその部将に出した軍令状が残っているが、みだりに突出せず、幸村や毛利勝永と申し合わせて、敵を十分引き付けてから決戦に及べば、必勝間違いないとある。ちなみに、この毛利勝永は、中国地方の毛利家とは関係がなく、尾張出身で秀吉の旧臣である。

大坂方最後の戦い

治房の命令は、根拠のない強がりではなく、城方は天王寺・茶臼山《ちゃうすやま》方面と岡山方面から押し寄せてくる敵を十分に引き寄せておいて、その間にキリシタン武将明石全登《あかしてるずみ》率いる別働隊に茶臼山の背後を衝かせる〈奇策〉なども用意していた。また、総大将秀頼を出馬させて士気を鼓舞する予定もあった。これらは、幸村の進言によるものだったという。

結果的には、天王寺口に向かった東軍の越前松平家の部隊が制止を聞かずに突出し、城方の部隊にも応戦するものがあったため、こうした計画は崩れてしまった。その反面、東軍も混乱に陥り、これに乗じて天王寺口では幸村や毛利勝永の部隊、岡山口では大野治房の部隊などが健闘したため、家康・秀忠父子ともに再三危ういことになった。

幸村が二度家康の本陣を切り崩したというのは、このときのことである。薩摩島津家の報告では、真田勢の突撃に家康本陣の連中は追い散らされ、逃げ走った者も多かったが、三度目の攻撃で真田も討死した、彼こそ「日本一の兵《つわもの》」というべきだとある。宣教師の報告にも、真田勢、毛利勢の猛撃で絶望した家康は、切腹しかけたそうだとある。

当時、家康の槍奉行だった大久保彦左衛門が後に老中土井利勝に招かれたとき、利勝は乗馬を見せて、これは大坂両度の陣に用に立てた秘蔵の馬であるといった。彦左衛門は、あのとき貴公が乗って逃げたのは、この馬でしたか、なるほど足が早そうだといい、馬に向かって、お前は忠義者だ、よくぞ主人を乗せて逃げた、主人思いの馬だといったという。

これは単なる〈お話〉かもしれないが、彦左衛門自身が書いた「三河物語」にも、家康本陣の御旗がこれほど崩れたのは、三方原の敗戦以来のことだとあるから、よほどひどい状態だったことは間違いない。もっとも、彦左衛門は三方原の戦いには出ていないはずだから、そちらの状況は兄たちからでも聞かされたことなのだろう。

岡山口の秀忠も本陣を突き崩され、何度も逃げ出しかけて部下に制止されたという噂が流れたほど追い詰められていた。この方面に出ていた東軍前田家の重臣山崎閑斎（長徳）が、それを見て、この際家康・秀忠父子を討ち取って主家に天下を取らせようと考えたが、主将の前田利常が賛同しなかったという話もある。山崎は越前朝倉家の旧臣で、後に明智光秀に仕えて本能寺の変にも参加した。つむじ曲がりで有名な男で、この話がどこまで本当かはわからないが、このとき怪しげな行動があったことは事実らしい。

徳川家歴々の連中までが、たかが浪人どもの集まりと見くびっていた相手にここまでやられるとは不思議だが、死んで元々と腹をくくっていた者とまだ死にたくない者との差が出たということかもしれない。そうした例は、この時代にはいくらもある。徳川方にも大名クラスの戦死者が何人か出ているが、いずれも家康に叱られたりするなどしてヤケクソになっていた者たちである。このあたりにも、そうした機微が見てとれそうである。

落城と首取り

東軍に参加した諸大名にとって、徳川家への忠誠心を示すもっとも簡明な方法は、敵の首を取ることである。名のある部将の首を取れればいうことはないが、それが無理なら数で勝負するという手もある。これは各大名家に仕える者たちにとっても同じである。

幸村の首は、越前松平家の鉄砲頭《てっぽうがしら》西尾某という者が取った。これは大変な手柄であるというので、家康の前に呼ばれていろいろ聞かれたが、調子に乗って一騎打ちの勝負をしたようなことを答えたので、家康は不機嫌だったという。幸村は前日からの合戦で疲れ果てていたはずだし、今さら西尾程度の侍相手にまともな勝負などするはずがないことは、歴戦の家康には、よくわかっていたのである。

大坂落城の際、東軍の取った首は、一説に一万四六二九といわれるが、その四分の一強に当たる三七五〇を、この越前松平家が取ったとされる。前日の働きが生ぬるいと当主忠直が祖父の家康に叱られたため、家の面目にかけてがんばったのである。

それだけ奮闘したといえばいえるが、それなら、これらの首はすべて肉薄格闘戦の末に取られたものかというと、そういうことではない。むしろ、そうではないケースのほうが圧倒的に多かったはずである。後藤基次のもとで戦った長沢九郎兵衛の遺談に戦場で首を取られる者の八割くらいは重傷を負って動けない者のようであったとあるが、幸村の討死などはこれに近い。同様の証言はほかにもあるし、負傷者ではなくても、戦意を喪失して逃げて行く者を追っていって首を取るようなことも、しきりに行われていた。

首取りの実態がどのようなものであったか、なぜ誰も彼もが首取りに熱中したのか、そのあたりに興味のある方は、私の『刀と首取り』（平凡社新書）でもご覧いただきたいが、大坂の陣の場合、誰の目にも、これが戦国最後の合戦になることは明らかだったせいか、首取りというより、むしろ〈首狩り〉とでもいうべきことが盛んに行われた。

これも城中にいて東軍の知人のもとに身を寄せた山口休庵という者の遺談によると、すでに死んでいる者の首を取るなどは序の口で、戦機に遅れた西国大名の軍勢のなかには、戦闘と関係のない町人・百姓の首まで取って〈帳尻合わせ〉をしていた例があるという。

こうしたなかで注目されるのは、東軍に参加した信州真田家の事例である。このとき当主である幸村の兄信幸は病気のため、息子の信吉・信政兄弟が出陣したが、城方の首二十五ないし二十九を得たのに対し、三十五名ないし三十七名の戦死者を出した。当主が討死したような家はともかく、他の諸家でこんな具合に犠牲を払った例はなさそうだが、それというのも、あざとい〈帳尻合わせ〉など心がけなかったからであろう。この家などは、東軍のなかで、もっとも真面目に戦った部類といえるのかもしれない。

第十五章　褒められていない勝ち戦さ

――松平信綱と島原の乱

島原の乱とはなんだったのか

寛永十四年（一六三七）十月、松倉家の領地の肥前（長崎県）島原と肥前唐津の寺沢家の支領である肥後（熊本県）天草で相次いで一揆が起きた。両所の一揆勢は、やがて合流して島原半島南部の原の古城（長崎県南高来郡南有馬町）に立てこもり、幕府の大軍と戦ったが、翌年二月落城して、ほとんど全滅した。これがいわゆる「島原の乱」である。

この乱の性格については、キリシタンの徒が領主に反抗して起した宗教戦争と見る見解が昔からある。一方、過酷な政治が引き起こした通常の百姓一揆だという見方も当時からあった。ここではその議論には立ち入らないが、在地でのキリスト教信仰、領主の苛政いずれも一揆の火種になったであろうことは、まず疑いようがない。しかし、両方の要素が揃っていなかったら、あれほどの大騒ぎにはならなかったことも確かだろう。

乱の直接のきっかけについても諸説あるが、とにかくこの年十月中に島原領のどこかで起きた騒ぎが住民の蜂起につながり、一揆勢は島原の町に乱入した。藩主は江戸出府中だったので、留守居《るすい》の者たちが防戦に当たるとともに、近隣の諸侯の応援を求めたが、みだりに他領に出兵してはならないという幕府の法度《はっと》のため、動くことができなかった。

何日か遅れて天草でも一揆が蜂起し、唐津藩の支城富岡城を囲んだ。両者の間に具体的にどういう事前の謀議があったかは定かでないが、やがて彼らは合体し、「天草四郎」として知られる益田時貞という少年を擁立して大将とした。

一揆の勢いは振るったが、島原城も富岡城も落とせなかったので、合議の末、原の古城を修

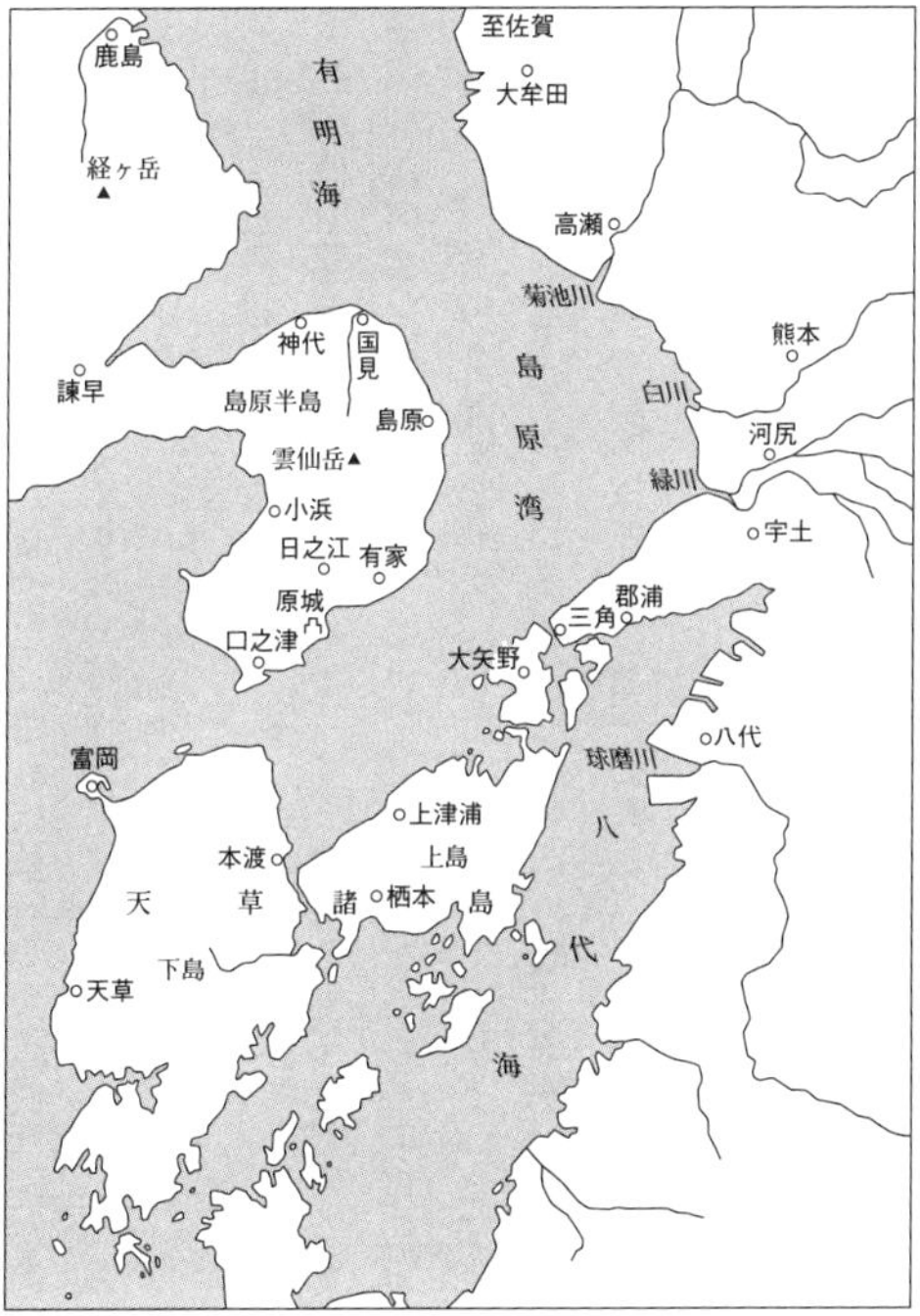

島原の乱要図（戸田敏夫『天草・島原の乱』［昭和63年・新人物往来社］を参考）

復して立てこもることとなった。これは幕府側の討伐準備が進むなかで、多くの非戦闘員を抱えて動きまわっているよりは、堅固な拠点に拠ったほうがよいとの考えによるものだったらしい。状況を考えれば、これは至当な判断であったと見てよく、あえて絶望的な道を選んだというような批評は当たらない。

一揆側も籠城作戦を取るに当たって、確たる展望など持ってはいなかっただろう。ただ、幕藩体制はいまだ完全に固まっていたとはいえないし、家光将軍の病状が悪化して、すでに死去したらしいという噂もあった。また、全国にあふれている浪人たちが反乱を起すのではないかという風聞も流れていた。長期戦に持ち込めば、事態が好転してなんとかなるのではないかという程度の〈見通し〉はあったと思われる。

松平信綱とその役割

一方、幕府側では、当初、たかの知れた農民の一揆という程度の認識しか持たなかったらしい。島原藩主を帰国させ、隣接の諸藩に応援を命ずるという程度の手は打っているが、それで簡単に片付くと見ていたようである。

追討の上使として一万一千石余の小大名板倉重昌を選んだというのも、そうした楽観的気分の現れだったといえる。重昌は能吏であり、器量人でもあったが、身代《しんだい》が小さくては、大藩を抑えるのは難しい。幕府は、松倉家のほか鍋島、有馬、立花など諸家の兵三万余をまず投入したが、果たして統制が取れなくなり、緒戦段階から失敗続きであった。

原城にこもっていた人数は、一般に三万七千余りとされているが、実は二万八千弱で、大部分は島原領の者たちだったともいわれている。その多くは非戦闘員で、戦闘に耐えうる者は、五千程度だったろうという。一揆の指導に当たっていたのは、主家が滅亡したり転封したりした後に帰農した旧土豪層であって、おおむねキリシタンの徒であった。

このように兵力的にも格段に少ないうえ、装備もよくなかった。甲冑や鎖帷子《くさりかたびら》のような武具もろくになく、武器にしても槍などは代用品のような粗末な物が多かったという。

火器はかなり豊富だったという説もあるが、これはなにかの誤りである。弾薬なども乏しいなかで、かなり有効に運用していたことはうかがえるが、実数は鉄砲五百三十挺程度があったにすぎない。討伐側は、後に参加した筑前秋月五万石の黒田家一家だけでも、二百七十八挺を携行しているのだから、量的には比較になるものではない。

これでは最初から勝負にならないはずだが、そうならなかったのは、一揆側の戦意が旺盛だったというだけではなく、討伐側にも問題があったからである。なにしろ、ある家の軍勢が苦戦していても、別の家の軍勢は積極的に応援しなかったり、他家に功名を独占させまいとして勝手な行動をとったりする有様だったのである。

事態の悪化を憂慮した幕府は、老中松平信綱に大垣藩主の戸田氏鉄《うじかね》を添えて送り出したというのが通説のようになっているが、これは事実ではない。信綱らの派遣が決定されたのは、板倉重昌がまだ戦場に行き着かないうちのことである。重昌らが一揆を鎮圧するのは当然と考えたうえで、戦後処理のために派遣したというのが真相らしい。信綱ら一行には、勘定奉行が同道していることを見ても、そのとおりであろう。

しかし、幕閣が楽観的であればあるだけ、板倉重昌としては、あせらざるをえない。信綱らが到着するまでに、なんとか片をつけなければという思いに駆られたのは当然である。

結局、寛永十五年元旦を期して、総攻撃をかけることとなったが、またも諸隊の足並みが揃わず、三千八百余の死傷者を出し、重昌自身も戦死した。城に乗り入ろうとしたところを鉄砲で撃たれたとも、上から大石を落とされて潰されたのだともいわれている。一揆側の損害は、死傷九十余にとどまったという。敗報を聞いた将軍家光は、大将たる者が猪《いのしし》武者《むしゃ》の真似をするとは沙汰《さた》の限りだと激怒したといわれる。

攻城策のあれこれ

松平信綱が現地に到着したのは、重昌の戦死から三日後のことである。はからずも攻城の指揮をとらざるをえなくなった信綱は、急攻を避け、兵糧攻めを行うこととした。これは彼自身の考えでもあったろうが、幕府としての方針でもあったはずである。

攻撃側に時間や兵力、物資の余裕のある限り、兵糧攻めは、もっとも安全確実な方法である。家光が歴戦の将立花宗茂に意見を求めたところ、直ちに落とさなければ幕府の威光が損なわれるわけでもないのだから、兵糧攻めが最良であると答えたという話もある。

追討の幕府軍は十二万四千余に達したが、これだけの大軍がそれぞれの持ち場に壕、土塁、柵を設け、築山や望楼をつくって、じっくり城を囲み、海側には番船を並べた。秀吉のいくつかの攻城もそうだったが、城のなかに城を包み込んだようなものである。

もちろん、そうやって漫然と取り巻いていたわけではなく、あれこれと策をめぐらして攻撃を加えている。すべてが信綱の発想ではないだろうが、なにしろ「知恵伊豆《ちえいず》」（伊豆は、彼の官途「伊豆守」によるもの）というあだ名があったくらいの男だから、彼自身が考えついたことも少なくなかったようである。

たとえば、信綱は多くの大砲を集めさせて砲撃を加えることとしたが、それが十分でないと見ると、オランダ船に依頼して海上から砲撃を行わせた。また、金掘りの工夫を集めて坑道を掘らせてみたり、唐人（中国人）に委嘱して城の爆破を企てたりするようなこともあった。その一方で、捕虜や矢文を用いて投降を勧告することも行われている。

甲賀《こうか》の忍者を城中に潜入させようとしたこともある。もっとも、この連中は島原・天草地方の方言がわからないうえに、籠城者がしきりに用いるキリシタン関係の用語も理解できなかった。それでまったく役に立たなかったと、信綱の息子の輝綱が記している。

余談ながら、この戦いでプロの忍者が役に立たなかった話はほかにもある。熊本の細川家は、名だたる忍びの者を何十人も抱えていたが、さっぱり成果があがらず、城に潜入しろといわれると弾よけの竹束の陰でふるえているような者まで出る始末だった。業《ごう》を煮やした同家では、その後彼ら全員を解雇してしまったという。

数々の奇策は必ずしも成功しなかったが、兵糧攻めの効果は次第に現れてきた。そろそろ攻撃をしかけようという声は、当然あったろうが、信綱はどこまでも慎重であった。夜討ちに出てきた城兵の戦死者の腹を割かせて城中の糧食が尽きたのを確認したうえで攻撃をかけることにしたが、それも一挙に攻略をめざしたものではなかった。一揆勢を本丸に追い込めたうえで、さらに援軍を集めて干しあげてしまおうという計画だったらしい。

こうして寛永十五年二月二十七日、攻撃が行われたが、たまたま抜け駆けをした部隊があったことから、一挙に総攻撃という形になってしまった。信綱があえて軍律違反の抜け駆けを容認したためなのか、統制が取れなくなってしまったためなのかはわからないが、これは敵味方双方にとって予想外の展開だったようである。

結局、城は翌二十八日陥落したが、最後の段階で無理な力攻めとなったため、二日間で死傷八千余という大きな損害を出すことになった。負傷者のなかには、豊前の小笠原家の軍勢に加わっていた剣客宮本武蔵もいた。彼は本丸に乗り入ろうと石垣に取りついたところ、落とされた石を脛に受け、その場にへたばってしまったらしい。

一方、城中にいた者たちは、老若男女の別なく、ほとんど全員が殺されたが、これほど大規模な無差別殺戮《さつりく》というのは、戦国の世にもあまり類がない。わずかに織田信長が天正二年（一五七四）に伊勢長島の一向一揆を攻めたとき、いったん降伏を受け入れておきながら、男女二万人ばかりを焼き殺してしまった例が目立つくらいである。

これまでも随所で触れたように、戦国の世の城攻めというのは、たいてい最終的な結末に至る前に城方が手を挙げてしまうし、攻撃側も〈その他大勢〉組までは追及しないで、許してやるのが普通である。とことん追い詰めてしまって城兵に必死の反撃をされれば、余計な損害を出すということもあるし、人的資源は貴重だったということもあるからである。自軍の兵力を増強するためにも、農耕などの生産活動に従わせるためにも、人手の確保は重要であった。

これは戦国の世の暗黙のリアリズムといったものだろうが、原城の場合には、それは働かなかった。結末が予期せざる乱戦になったからともいえるが、仮に信綱（および幕府）の方針どおり、そのまま兵糧攻めが続けられたとしても、城中の人びとが助かったかどうかはきわめて疑わしい。やはり、これは異例の合戦であった。

褒められなかった信綱

幕府側に立って松平信綱の功罪を論ずれば、理由はともあれ、最終段階で力攻めをしたことこそ間違いであって、兵糧攻めの計を取ったことに誤りはなかったはずである。それは将軍の意向でもあっただろうから、その意味からも、文句をいわれる筋合いのものではない。それにもかかわらず、当時から見当外れの批判をする者が絶えなかった。

そういう批判が出てくるのは、農民の一揆相手に兵糧攻めなど武士らしくないといった体面論のようなものが根強くあったからである。甲州流の軍学を学んで、後に北条流を興し、将軍の師範にもなった幕臣北条氏長も、このとき原城に派遣された。その氏長が熊本の細川家の先手長岡監物《けんもつ》に面会したところ、天下の士が百姓の籠城した城を攻め落とせずに兵糧攻めにするとは、近頃もって武士の恥であるといった話になったという。

どちらがそう言い出したのかはわからないが、氏長は、その後で松平信綱に面会して総攻撃を進言したところ、信綱は同意しなかったという。それが事実であれば、氏長も兵糧攻めを恥辱とする意見の持ち主だったのだろう。もっとも、長岡監物は国元にとどまっていたはずだから、この話自体はつくり事である可能性が高い。氏長と信綱はもともとソリが合わなかったようだから、氏長の側からつくられた話かもしれない。

備中高松城の水攻めの箇所で名前の出てきた古川古松軒という地理学者は、大軍を頼んで強引に攻め落とせば、俗眼には手柄と見えるだろうが、知恵のある者は笑うだろう、味方の損害を惜しんで兵糧攻めにした信綱は名将であると評している。彼は、島原の乱から九十年も後に生まれた人だが、まだ信綱的行き方を批判する者が多かったのだろう。

戦国大名たちが損害を出すような戦いをしたがらなかったこと、できれば戦わずに勝ちたいと考えていたことは、随所で触れたとおりである。実は、軍学の世界でも、できるだけ損害の出ない戦い方をしろ、戦わずに勝てれば、それに越したことはないと教えてはいた。北条氏長だって、著作のなかでは、攻勢主義、攻撃主義を採ることと肉薄格闘戦を演ずることとは違う、頭を使って損害の出ない方法を考えろと説いているくらいである。

これは戦国時代の〈常識〉を伝えたものであり、みだりに敵を追い詰めて、無用の損害を出さないというのも、その一環である。しかし、氏長は関ヶ原の九年後に生まれた人だから、戦国合戦の実態を肌身で知っていたわけではない。島原の乱に関係したのは、そういう人たちが多かった。

もちろん、この時点では関ヶ原の戦いや大坂の陣を体験したような者も生き残ってはいた。長岡監物などもその一人だが、その監物は、攻城用の陣地の構築法をたずねられて、なにぶん昔のことでよく覚えていないと答えている。同じ細川家古参の備頭《そなえがしら》も同じような答えをしたというから、こういう平和ボケ老人も増えていたのだろう。

天下泰平の世になって、戦争を知らない若者や記憶も定かでない老人ばかりになると、戦国のリアリズムは忘れられても不思議はない。仮に観念としては理解できても、心情的には、もっと勇ましく格好のよい観念のほうに惹《ひ》かれやすくなるだろう。そうなると司馬遼太郎さんの言葉ではないが、ある種の観念のほうが現実よりも現実的に見えてしまったりすることにもなる。武士が農民相手に兵糧攻めなどやるのはみっともないなどというのは、そうした観念論の最たるものであるが、それなられっきとした武士が農民たちの城を攻めて、女子供の首まで切るのも、同様に見苦しいことだったはずである。

こうした行為は、戦国の世にも行われなかったわけではないが、少なくとも表向きは非難の対象とされるようなものであった。いや、泰平の世になっても、北条氏長を含む軍学者たちは、「不覚」の働きとして排斥しているくらいである。そうしたことも顧慮しない体面論というのは、きわめていい加減なものだが、そこが観念論の観念論たる所以《ゆえん》なのかもしれないし、それだけ戦国時代は遠いものとなっていたということなのかもしれない。

あとがき

この本を書いた趣旨は、「はじめに」で記したとおりなので、改めてくり返さないが、内容的にいえば、永禄三年（一五六〇）の桶狭間の戦いから寛永十四年（一六三七）の島原の乱までを扱っている。これら広い意味での戦国合戦を、その実態、それを戦った人たち、背景にあったその時代の戦い方の三位一体《さんみいったい》でとらえてみようとしたものである。

この時代の合戦を考えてみようとすると、どうしても信長・秀吉・家康という三人の天下人を中心とした物語になりやすい。彼らの権力交代の物語は、作家の海音寺潮五郎さんにいわせれば、わが国の六大ロマンの一つであるし、日本人は天下人を軸に歴史を見ることに慣らされてしまっている。そのことは安土桃山時代だの江戸時代だのという時代区分の立て方を見てもはっきりしている。

その意味では、天下人中心に歴史を見るのも、ある程度やむをえないことなのかもしれないが、問題は、それが彼らの側から見た歴史になってしまいやすいことである。それはどうしても、〈勝てば官軍〉流の結果論に陥ることをまぬかれないし、一歩進むと「後ろ向きの予言」で組み立てられた必然論のようなものに転化しやすくなる。

戦国の人と戦いの実態を的確につかまえるためには、そういうことはぜひ避けなければならないが、幸いにして私はこうした天下人史観の呪縛《じゅばく》からまぬかれている。もともと教科書に書いてあるようなことを頭から素直に信じることができないという困った〈性癖〉があるからだが、紀州雑賀衆の末裔であるということも、かなり影響しているのかもしれない。

雑賀衆のことは、この本のなかでも触れたが、信長・秀吉・家康三人の天下人にことごとく反抗したという、まことにおかしな集団である。そういう連中の末裔であるから、彼らに対する〈思い入れ〉も〈思い込み〉も持ちようがない。さりとてアンチ信長、アンチ秀吉……という偏見で固まっているわけでもない。これまでの〈過剰包装〉のようなものを排除したというだけのことであるから、ご安心いただきたい。

また、この本で取り上げた戦いは、いずれも有名なものであるから、誰が書いてもとかく〈金太郎飴〉式の記述になりやすい傾向がある。そうならないよう、それなりの努力はしたつもりである。ことに漫然と従来の俗説を取り次ぐようなことは、一切避けている。といって、いたずらに奇をてらって勝手な憶測で議論するようなこともしていない。

ここに書いたことは、すべてそれなりに根拠のあることであるが、なかには史実かどうか疑問はあっても、興味のある話題として取り上げたものもある。新書という性格を考えて、読みやすさを第一としたので、逐一史料名を挙げることはしていないが、史実としては問題のありそうなものについては、そのつどその旨をお断りしておいた。

参考とさせていただいた著書・論文などは、きわめて多数にのぼるが、そのうちの主要なものだけを参考文献として掲げさせていただいた。そこにお名前を挙げなかった方々を含めて、お世話になった皆さまに改めて感謝申しあげたい。

大きなテーマを限られた紙数のなかで説明しようとしたので、十分にいいつくせなかったことは当然ある。私の説明に納得できない方、さらなる興味を抱かれた方は、この本のテーマに関連する私の他の著書をお読みいただけるとありがたい。この本と同じシリーズの『刀と首取り』（平凡社新書）や『鉄砲隊と騎馬軍団』（洋泉社新書y）を初め、日本人の戦い方、天下人史観などを論じたものがすでに何冊か出ている。

最後になったが、この本は企画から完成まで、ずっと平凡社新書編集部の土居秀夫さんに面倒を見ていただいた。土居さんは、実はここで名前の出てきた『刀と首取り』の〈仕掛け人〉である。再度お世話になったわけで、改めてお礼を申しあげておきたい。

平成十五年六月二十日

鈴木眞哉

主な参考文献

各章に共通なもの

菊池寛『日本合戦譚』（中央公論社　昭和八年）
鈴木眞哉『戦国合戦の虚実――日曜歴史家への誘い』（講談社　平成一〇年）
鈴木眞哉『鉄砲と日本人――「鉄砲神話」が隠してきたこと』（洋泉社　平成九年　現在ちくま学芸文庫）
高柳光寿『青史端紅』（朝日新聞社　昭和三七年）
高柳光寿『戦国の人々』（春秋社　昭和三七年）
高柳光寿編『大日本戦史　二〜五』（三教書院　昭和一七年）
谷口克広『織田信長合戦全録――桶狭間から本能寺まで』（中公新書　平成一四年）
鉄道省編『武士道精神の華　古戦場』（博文館　昭和一三年）
藤本正行『信長の戦国軍事学――戦術家・織田信長の実像』（JICC出版局　平成五年　現在『信長の戦争――「信長公記」に見る戦国軍事学』と改題して講談社学術文庫）
松本清張『私説・日本合戦譚』（文春文庫　昭和五二年）
吉成勇編『別冊歴史読本――戦国合戦「古記録・古文書」総覧』（新人物往来社　平成一一年）

第一章

陸軍参謀本部『日本戦史――桶狭間役』（明治三四年）
小島広次『今川義元』（人物往来社　昭和四一年）
第二章
笹本正治『川中島合戦は二つあった――父が子に語る信濃の歴史』（信濃毎日新聞社　平成一〇年）
第三章
陸軍参謀本部『日本戦史――姉川役』（明治三四年）
増田又右衛門・増田実『高天神城戦史』（同戦史研究会　昭和四四年）
第四章
高柳光寿『三方原の戦』（春秋社　昭和三三年）
第五章
陸軍参謀本部『日本戦史――長篠役』（明治三五年）
高柳光寿『長篠の戦』（春秋社　昭和三五年）
鈴木眞哉『鉄砲隊と騎馬軍団――真説・長篠合戦』（洋泉社新書y　平成一五年）
第六章
鈴木眞哉『紀州雑賀衆　鈴木一族』（新人物往来社　昭和五九年）
谷下一夢『顕如上人伝』（浄土真宗本願寺派宗務所　昭和一六年）
第七章
（第六章に同じ）
第八章

高柳光寿『本能寺の変・山崎の戦』（春秋社　昭和三三年）
第九章
高柳光寿『賤ヶ岳の戦』（春秋社　昭和三三年）
第十章
長久手町史編さん委員会編『長久手町史――長久手合戦史料集』（長久手町　平成四年）
第十一章
和歌山市立博物館編『秀吉と日本三大水攻め』（同館　平成一一年）
第十二章
相田二郎『小田原合戦』（名著出版　昭和五一年）
下山治久『小田原合戦――豊臣秀吉の天下統一』（角川書店　平成八年）
第十三章
藤井尚夫『フィールドワーク関ヶ原合戦』（朝日新聞社　平成一二年）
陸軍参謀本部『日本戦史――関ヶ原役』（明治二六年）
第十四章
小林計一郎『真田幸村』（新人物往来社　昭和五四年）
柴辻俊六『真田昌幸』（吉川弘文館　平成八年）
第十五章
戸田敏夫『天草・島原の乱――細川藩史料による』（新人物往来社　昭和六三年）

【著者】

鈴木眞哉（すずき まさや）

1936年横浜市生まれ。中央大学法学部卒業。防衛庁、神奈川県等に勤務し、在職中から歴史、伝記などの研究を続ける。主な著書に、『紀州雑賀衆 鈴木一族』（新人物往来社）、『鉄砲と日本人』（ちくま学芸文庫）、『戦国合戦の虚実』（講談社）、『刀と首取り』（平凡社新書）、『謎とき日本合戦史』（講談社現代新書）、『鉄砲隊と騎馬軍団』（洋泉社新書y）、主な論考に「長篠合戦譚の虚実」などがある。

平凡社新書193

戦国15大合戦の真相

武将たちはどう戦ったか

発行日——2003年8月20日　初版第1刷

著者——鈴木眞哉

発行者——下中直人

発行所——株式会社平凡社
東京都文京区白山2-29-4　〒112-0001
電話　東京(03)3818-0743［編集］
　　　東京(03)3818-0874［営業］
振替　00180-0-29639

印刷・製本—株式会社東京印書館

装幀——菊地信義

ISBN4-582-85193-2
NDC分類番号210.47　新書判(17.2cm)　総ページ256
平凡社ホームページ http://www.heibonsha.co.jp/

068 「健康」の日本史　北澤一利
現代人はなぜ「健康」を尊ぶのか。江戸から明治、からだに起きた変化を追う。

071 蝦夷《えみし》の古代史　工藤雅樹
東北北部に独自の文化と社会を有して中央政権に抵抗した人びとの軌跡を描く。

073 「邪馬台国」と日本人　小路田泰直
戦前期日本の歴史学は、なぜ皇国史観への道を辿ったのか。斬新な史学史の試み。

083 大江戸奇術考　手妻・からくり・見立ての世界　泡坂妻夫
趣味人の座敷芸からプロの大奇術、からくりまで、不思議さに満ちた世界を探る。

088 江戸奇人伝　旗本・川路家の人びと　氏家幹人
旗本・川路聖謨家の面々はいずれ劣らぬ奇人揃い。江戸人の個性が炸裂する！

102 馬琴の食卓　日本たべもの史譚　鈴木晋一
平安貴族の宴会から昭和初期の懐かしい駄菓子まで、日本の食文化史を追究する。

119 隼人《ハヤト》の古代史　中村明蔵
辺境の抵抗者たちの史実を追い、日本古代史の知られざる部分に光を当てる。

129 シーボルトと宇田川榕菴　江戸蘭学交遊記　高橋輝和
江戸での出会いから、日本の近代植物学が始まった。東西文化交流の道筋を辿る。